El gran teatro del mundo

—

El gran mercado del mundo

Letras Hispánicas

Pedro Calderón de la Barca

El gran teatro del mundo

El gran mercado del mundo

Edición
de
Eugenio Frutos Cortés

SEGUNDA EDICION

CÁTEDRA

EDICIONES CÁTEDRA, S. A. Madrid

© Ediciones Cátedra, S. A., 1976
Cid, 4. Madrid-1
Depósito legal: M. 15.571-1976
I.S.B.N.: 84 - 376 - 0016 - 2
Printed in Spain
Impreso en AGRESA
General Oraa, 9. Madrid
Papel: Torras Hostench, S. A.

Índice

Índice

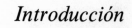

Introducción

Vida y significación de Calderón

Primeros años

Don Pedro Calderón de la Barca, nació en Madrid, el día de San Antón, 17 de enero de 1600. Era hijo de don Diego Calderón de la Barca, secretario del Consejo de Hacienda, y de doña María Henao y Riaño, de los cuales era tercer hijo y segundo varón. Fue bautizado el 4 de febrero siguiente en la iglesia de San Martín, que estaba cerca de la calle del Arenal. Como padrinos actuaron su tía Ana Calderón y el contador don Antolín de la Serna.

Durante los primeros años de su vida, vivió alternativamente en Madrid o Valladolid, según los traslados de la Corte. En 1607 se instala la familia definitivamente en Madrid, en la calle de las Fuentes.

Estudios

Por esta época comienza la edad escolar de Calderón. Como su letra —desigual, nerviosa y sobria— pertenece a la escuela de Morante, se cree que él y su hermano José estudiarían con este gran calígrafo toledano, que se había trasladado a Madrid en 1612 y había abierto escuela en la plaza del Ángel. Posteriormente, su letra se ensancha, según el estilo de José de Casanova, al frente de cuyo libro —publicado en 1650— va un soneto de Calderón.

Pero lo que es seguro es que desde 1608 aparece

como estudiante en el Colegio Imperial de los jesuitas y continúa en él durante cinco años.

La muerte de una tía —doña Inés de Riaño, viuda de Henao—, acaecida en 1612, va a determinar la dirección de los estudios de Calderón, encauzándolos hacia la filosofía y la teología. En efecto, esta señora dejó fundada una capellanía, en la capilla de San José de la iglesia de San Salvador. Las rentas de la capellanía deberían ser gozadas sucesivamente por los tres hermanos Calderón —Diego, Pedro y José— hasta los veinticuatro años, de no ser que alguno se hiciera clérigo, en cuyo caso se vincularían en él definitivamente. Entre los bienes de esta capellanía figuraba la casa número 75 de la calle Mayor, donde en 1681 habría de morir don Pedro Calderón.

La madre de nuestro poeta había pensado que éste abrazara el estado sacerdotal, según él mismo declara en un romance autobiográfico. Aunque sólo en edad ya avanzada se hizo Calderón sacerdote, esta serie de circunstancias determinaron, de momento, que se dedicase a los estudios. En los años 1614 y 1615 aparece matriculado en la Universidad de Alcalá. Muere su padre el 21 de noviembre de 1615, pero en su testamento ordena que su hijo Pedro «por ningún caso deje sus estudios». Pedro los continúa en Salamanca desde 1615, si bien parece que con la interrupción del año siguiente. El primero de Cánones lo cursa, en Salamanca, de 1617 a 1618, y allí sigue hasta 1620.

Primeras manifestaciones literarias

Por entonces aparecen sus primeras manifestaciones literarias públicas. Concurre a los certámenes poéticos celebrados con motivo de la beatificación de San Isidro, en 1620, y después de su canonización, en 1622, y en el mismo año, al organizado por los jesuitas en honor de San Ignacio y San Francisco Javier. Obtuvo el tercer premio por la *canción* en el de San Isidro, el primero por un romance dedicado a la *Penitencia de San Ignacio* y el segundo por unas quintillas en que se celebraba un milagro de San Francisco Javier.

Autor dramático. Viajes y lances

Pero hasta el 29 de junio de 1623 no se representa su primera obra dramática, que fue la comedia titulada *Amor, honor y poder*. Desde este año hasta 1625 parece que estuvo en tierras flamencas, según lo acusa la viveza de los detalles contenidos en la comedia *El sitio de Breda*, que fue escrita en 1625. Otro episodio de su vida se refleja en *El Príncipe Constante*, de 1628. Me refiero a la aventura en la que el cómico Villegas hirió a un hermano de Calderón, y éste, con otro hermano, le persiguieron penetrando en el convento de las Trinitarias, que era de clausura, y en el cual estaba Marcela, la hija de Lope de Vega. Tanto Lope como el famoso orador Hortensio Paravicino se quejaron, elevando este último tremebundo memorial al rey. Esta puede ser la causa de que Calderón se burle, en *El Príncipe Constante*, de la oratoria culterana de fray Hortensio.

El triunfo

Su producción aumenta y se hace famoso. Le alaban Lope de Vega, en *El laurel de Apolo*, y Montalbán en su *Para todos*, de 1632. Colabora, a veces, con otros dramaturgos, como el mismo Montalbán, Mira de Amescua, Coello y Rojas. Puede decirse que esta intensa etapa de producción culmina y adquiere plena madurez con la comedia titulada *La vida es sueño*, que corresponde al año 1635.

En el siguiente, su hermano don José reúne la *Parte Primera de Comedias de Don Pedro Calderón*, y se le otorga, en 1637, el título de Caballero de la Orden de Santiago. A este mismo año corresponde otra gran obra, *El mágico prodigioso*, escrito por encargo de la villa de Yepes. Hizo también un viaje a Valencia.

Guerra de Cataluña

En 1640 se incendió el teatro del Buen Retiro y comenzó la guerra de Cataluña, en la que tomó parte Calderón como caballero de las Ordenes Militares. Actuó en dos campañas con gran valor, como consta por un informe muy favorable sobre él extendido por el teniente general don Álvaro de Quiñones. Pidió su retiro definitivo en 1642. Su impresión del ejército no parece haber sido demasiado favorable a juzgar por lo que se refleja en una de sus grandes obras, *El alcalde de Zalamea*, que corresponde a esta época.

Inactividad

Siguen unos años de forzada inactividad en su producción, a causa del cierre de los teatros, originada por las desgracias ocurridas a la real familia, que por cierto van acompañadas también de desgracias familiares para el poeta. En 1644 murió la reina y en 1646, el príncipe Baltasar Carlos.

Pero, cuando, en 1648, el rey contrae nuevo matrimonio con doña Mariana de Austria, vuelven a abrirse los teatros y Calderón escribe, para conmemorar el suceso, el auto sacramental *La segunda esposa*, y continúa su producción con otras obras.

Calderón, sacerdote

Pronto se inicia la crisis en la vida de Calderón, que le había de llevar, por fin, al sacerdocio. Toma el hábito de la Orden Tercera el 16 de octubre de 1650, vuelve a la capellanía que dejó a la familia Calderón doña Inés de Riaño, y en 1651 ocupa la casa de Platerías. Las obras se suceden en éste y en los años sucesivos, entre ellas algunos de los autos sacramentales más conocidos, como *El pleito matrimonial del alma y el cuerpo*, del mismo 1651.

Obtuvo una capellanía en los Reyes Nuevos de Toledo en 1653 y allí compone un largo poema sobre la frase *Psalle et Sile* ('canta y calla'), que figuraba inscrita en el coro. Con motivo de la conversión de la reina Cristina de Suecia compone el auto sacramental *La protestación de la fe*, en 1656.

Poeta y capellán real

De aquí en adelante sus obras son principalmente comedias o «zarzuelas», para fiestas reales, y autos sacramentales. La Zarzuela era un pabellón en el que descansaban los reyes cuando iban a cazar al Pardo y no querían volver a Madrid. Entonces, para distraerles, se desplazaba una compañía de cómicos, que representaban allí alguna comedia o pieza dramática, a veces con música y canciones, lo que dio luego nombre genérico a la *zarzuela*.

En 1663 se instala Calderón definitivamente en Madrid. El rey le nombra capellán de honor el 13 de febrero, e ingresa, el 20 de marzo, en la Congregación de Presbíteros de Madrid, que luego había de nombrarle, en 1666, su capellán mayor y a la que legaría todos sus bienes. Sus autos complican la escenografía y la trama. De 1673 parece ser la última redacción del auto *La vida es sueño*. Se van publicando también las diversas *Partes* de sus comedias hasta la *Quinta Parte*, que se publica en 1677, y en este mismo año se da la colección de 12 *Autos sacramentales*, única aparecida en vida del autor.

Balance

La última comedia de Calderón, titulada *Hado y divisa de Leonido y de Marfisa* se representa, con mucho éxito, en una fiesta del Retiro, el 3 de marzo de 1680. De esta misma fecha es el auto *Andrómeda y Perseo*, y la lista de sus obras que Calderón envía al duque de Veragua, que se la había solicitado: 110 comedias. Algunas se han perdido y otras no están incluidas. Pueden contarse más de 120 comedias. Le manda también otra de los autos: 70 (79 según la última edición de Valbuena).

Muerte

En el último año de su vida, aún escribe Calderón el auto sacramental *El cordero de Isaías* y deja casi terminada *La divina Filotea*, que concluyó don Melchor Fernández de León. Murió el 25 de mayo, domingo de Pentecostés, de 1681, a las doce y media de la mañana. Se le enterró, al día siguiente, en la capilla de San José de la iglesia de San Salvador, con sus antepasados. Fue en el féretro, por mandato expreso de su testamento, descubierto, para escarmiento de vanidades. El tema del desengaño del mundo, tan fundamental en su obra, sigue actuando aquí. Legó sus bienes, como se ha dicho, a la Congregación de Presbíteros, y sus papeles a su particular amigo, el párroco de San Miguel, doctor don Mateo Lozano.

Por hallarse en ruina la iglesia de San Salvador se

trasladaron sus restos, apoteósicamente, al cementerio de la Puerta de Atocha, en 1841. Después han sufrido otros cuatro traslados, el último en 1902, cuando se fundó el hospital e iglesia de la parte alta de San Bernardo.

En 1850, un aviso muy oportuno de Mesonero Romanos salvó del derribo la casa de la calle Mayor donde murió nuestro poeta, y se puso en ella una lápida. En 1880, por iniciativa del dramaturgo don Adelardo López de Ayala, el escultor don Juan Figueras realizó el monumento que se instaló en la plaza de Santa Ana.

Significado de Calderón

La larga vida de Calderón es parca en sucesos, por su carácter concentrado y especulativo, pero rica en obras.

Calderón es el dramaturgo de la Contrarreforma y del Barroco español. El sentido teológico y metafísico de esta época informa todas sus obras. Como perfecto tridentino, Calderón aúna la fe y la razón, de modo que el racionalismo barroco no toma en él los derroteros subjetivistas y escépticos del racionalismo europeo del XVII.

Teológicamente, centra todo el dogma católico en torno a la Eucaristía, y de ahí que sea esencial en la evolución de su pensamiento la creación de los *autos sacramentales*. Por esto, porque era una exigencia íntima de su espíritu, los autos alcanzan en él cimas de pensamiento y poesía.

El auto sacramental

Los autos sacramentales son composiciones lírico-dramáticas, en un acto, de carácter alegórico, y se refieren, directa o indirectamente, a la Eucaristía.

Algunos autos de Calderón sólo se refieren indirectamente a la Eucaristía, como por ejemplo los autos marianos, pero por su dedicación o por su motivación son todos eucarísticos, pues normalmente se representan por la fiesta del *Corpus*.

En sus mejores autos sacramentales se resume la vida teológica de la humanidad con los tres momentos esenciales de creación, pecado y redención. En los autores anteriores a Calderón el auto es mucho más sencillo y no alcanza toda su plenitud.

Caracteres religiosos, filosóficos y morales

Se deben señalar como caracteres fundamentales de los autos sacramentales, su *catolicidad*, que después del concilio de Trento lleva a centrar el tema en la *Eucaristía*, y su carácter *redencionista*, pues la Redención es el centro de la vida humana. Este carácter es inseparable del anterior.

Hay que destacar además su carácter *litúrgico* y *didáctico*, es decir, instructivo en cuestiones teológicas. El modo de realizar esto es *simbólico* y *alegórico*, haciendo que los *personajes* del auto sean *abstractos* y *universales*.

Son frecuentes las representaciones anímicas, por lo cual también se ha señalado la importancia del elemento *psicológico*. Podríamos añadir la clara intención *moral*, que se manifiesta en muchos actos, como ocurre en *La cena del Rey Baltasar*, *No hay más fortuna que Dios*, y estos mismos autos que aquí presentamos.

Caracteres literarios

Merece también destacarse el carácter *lírico* y la *musicalidad* de los autos. Los conceptos se adornan retóricamente, se intercalan sonetos y canciones, y podemos decir que en los autos más logrados se integran todos los motivos en un desarrollo sinfónico. Hay tal ponderación de partes, que muchas veces se puede señalar la estructura esquemática del auto con toda precisión. Este lirismo no impide su *carácter técnico*. Calderón se vale de muchos recursos técnicos, como se puede apreciar en las llamadas «Memorias de las apariencias», es decir, de las decoraciones que iban apareciendo en los distintos «carros», en que los autos se representan. La complejidad técnica es creciente.

Carácter nacional

El modo de catolicidad señala muy bien el *carácter nacional español*, por la unión de lo religioso y lo humano, de lo singular y lo universal, alcanzando una síntesis o equilibrio filosófico de estilo muy español.

Barroquismo de los autos de Calderón

Finalmente, el *barroquismo* de Calderón tiene ocasión de manifestarse ampliamente en los autos, tanto en la forma como en el pensamiento y la estructura. En *El Gran Teatro del Mundo*, las silvas iniciales son culteranas, y las décimas en que el *Autor* dialoga con los futuros personajes, antes de existir éstos, suponen un complicado juego de conceptos. Los paralelismos y antítesis entre *el Rico* y *el Pobre*, *la Discreción* y *la Hermosura*, y en general toda la calculada estructura del auto, manifiestan la tendencia unificadora y subordinante del barroco y su carácter sistemático, que diferencia sus obras esencialmente del desorden «romántico».

Clasificación

La de Valbuena los distribuye de esta manera:

a) Autos filosóficos y teológicos.
b) Autos mitológicos.
c) Autos de temas del Antiguo Testamento.
d) Autos inspirados en parábolas y relatos evangé-
licos.
e) Autos de circunstancias.
f) Autos históricos y legandarios.
g) Autos de Nuestra Señora.

Por su parte, Parker da esta otra clasificación:

a) Dogmático.
b) Escritural.
c) Apologético.
d) Ético.
e) Devocional (hagiológico).

En esta última clasificación, *El Gran Teatro del Mundo* correspondería al apartado *d)*; en la clasificación de Valbuena, al *a),* en el que se encontrarían los autos más importantes de Calderón, pero habría que añadir que. a diferencia de *La vida es sueño*, *El veneno y la triaca* y otros semejantes, serían más que de carácter filosófico-teológico, de carácter *filosófico-moral*.

«El gran teatro del mundo»

Fecha

El Gran Teatro del Mundo se sabe con seguridad que se representó en 1649, y era ya considerado como «auto viejo». Pero Valbuena observó que bastaban cuatro o cinco años para que esto ocurriera, por lo cual lo fechó, aproximadamente, hacia 1645. Sin embargo, después, el estudio de las características del auto y del *Epicteto* de Quevedo le han llevado a fecharle entre 1633 y 1635. Por la estructura del auto nos parece más probable esta fecha.

Argumento

El hispanista inglés Parker distingue en los autos sacramentales el *asunto* del *argumento*. El asunto o tema es siempre eucarístico, pero los argumentos son diversos.

Corresponde, pues, exponer ahora el *argumento* de *El Gran Teatro del Mundo*.

Aunque no tiene la complicación de los autos últimos de Calderón, este auto comprende en su desarrollo varios momentos claramente definidos por Valbuena, que son los siguientes:

Primer momento

Aparece el *Autor*, que es Dios mismo, en cuanto crea el escenario y los personajes de la representación, e invoca al *Mundo*. La invocación se hace en silvas, que tanto por la idea desarrollada —la fábrica del universo— como por el vocabulario y la construcción sintáctica, son claramente barrocas. Aparece *el Mundo*, contestando a la invocación divina, y en un largo romance —una vez que conoce los propósitos del *Autor*— expone: *a)*, la creación y la aparición del hombre sobre la tierra hasta el diluvio universal; *b)*, la salvación, el arca y la aparición del iris de paz, con lo que termina el primer acto de la vida de la humanidad, que corresponde a la *ley natural; c)*, el segundo acto de esta vida, que corresponde a la *ley escrita*, es decir, al Antiguo Testamento, en el que se da brevemente la historia del pueblo hebreo, especialmente la huida y vuelta de Egipto; *d)*, el tercer acto corresponde a la *ley de gracia*, y termina con el apocalipsis; *e)*, a todo esto se añade la indicación de que para salir y entrar en escena, el Mundo tiene dos puertas: la *cuna* y la *sepultura*, y que dará a cada personaje los atributos que necesite para representar bien su papel.

Segundo momento

Una vez preparada la escena han de aparecer los personajes. Este es el segundo momento en que el *Autor*, esto es, Dios, dialoga con los hombres que aún no existen, representados por algunos personajes genéricos, como son el *Rico*, el *Labrador*, el *Pobre*, la *Hermosura*, la *Discreción*.

El diálogo es posible en cuanto la existencia de los seres, aunque contingente en este mundo, es eterna a los ojos de Dios, de modo que están en *su concepto* antes de aparecer en el Teatro del Mundo. Este fragmento es el de mayor profundidad filosófica y teológica del auto. Se hace notar, que, antes de existir, al carecer de voluntad, los hombres no pueden elegir su papel, pero se afirma después que el hacerlo bien o mal es cosa suya, y que según obren se les recompensará, con lo cual queda afirmado el libre albedrío. También se advierte que la comedia humana no se puede ensayar, sino que la ocasión de vivir es única y sin remedio, y por lo tanto, el acierto o el desacierto en ella. Pero la norma, que luego ha de repetir la *Ley* a cada pregunta de los personajes es ésta: «Obrar bien que Dios es Dios.» La intención moral del auto se acusa con esto claramente. Todo este fragmento está escrito en décimas, que Calderón maneja, como es sabido, con gran maestría. Esta parte termina con la entrega por el *Mundo* de los atributos que a cada uno le corresponden.

Tercer momento

Se desenvuelve en un doble plano: uno, intemporal, en que el *Autor*, sentado en su trono, en un *«día eterno»* ve la representación; otro, temporal, en el cual la representación se desenvuelve en este mundo. El *Autor* sólo interviene en dos momentos: al comienzo, para indicar su posición intemporal y advertir a los hombres que lo que hagan es visto desde el cielo; y después para advertir que «pudiera enmendar los yerros», pero que desea que hagan libremente su papel, aunque con la advertencia divina de la *Ley*. El desarrollo temporal de la acción en este mundo va reuniendo a los personajes, desde la alabanza de la *Discreción*, que reproduce un pasaje del *Libro de Daniel*, hasta que los personajes mueren y el *Mundo* les va privando de sus atributos. La *Ley de Gracia* hace de apuntador. Y la representación va reuniendo a los personajes, que aparecen en contraste: la *Discreción* y la *Hermosura*; el *Rico*, el *Labrador* y el *Pobre ;* de modo que al final todos aparecen reunidos en escena, salvo el *Niño*, que ha muerto

23

apenas nacido. Esta comunicación es esencial a la existencia del hombre en el mundo, como dice la *Hermosura*, y cada uno trata de decir aquello que está en su imaginación. Conforme lo va diciendo se oye la *Voz*, que indica el final de cada papel, en este orden: El *Rey*, la *Hermosura*, el *Labrador*, el *Pobre*, el *Rico* y la *Discreción*, simbolizando ésta la *Religión*, como lo más permanente en el mundo.

Cuarto momento

El *Mundo* da por terminada la representación y el globo celeste se cierra, pues Dios ya ha visto las acciones de los hombres. Ahora el *Mundo* ha de quitarles todo lo que les dio: «Polvo salgan de mí, pues polvo entraron.» Le pregunta a cada uno lo que ha hecho y le va arrebatando sus atributos. Sólo al *Niño* y al *Pobre* no les puede quitar nada. Tampoco puede arrebatarle a la *Discreción* sus buenas obras, pues éstas son «la fama vividora», como dijo Calderón en otro lugar, y como también se dice en el segundo monólogo de Segismundo en la comedia *La vida es sueño*. La escena está escrita en octavas reales. El último verso de la escena dice: «Si cuna os recibí, tumba os despido», que por su estructura trae a la memoria el verso de Quintana en su *Oda a Trafalgar*: «Inglés te aborrecí, héroe te admiro», aunque la relación sea puramente formal. En cambio, la escena se relaciona, según se ha notado, con las *Danzas de la muerte* medievales.

Quinto momento

Ya los personajes, fuera de la vida, no guardan entre sí la misma relación. Tratan de buscar aquella «cena» que prometió el *Autor* a los que hubieran

realizado bien sus papeles. Este es el momento euca-
rístico del auto. Se descubre otra vez el globo celeste
con el Cáliz y la Hostia, y el *Autor* sentado en su trono.
Van directamente a gozar de la gloria la *Discreción*,
es decir la religiosa, y el *Pobre;* quedan en el Purga-
torio el *Rey* y el *Labrador*, pero así como el *Rey*
sostuvo a la *Religión* una vez que iba a caer, ésta,
en la figura de la *Discreción*, le tiende la mano y le
alza a la Gloria (se trata de un símbolo de la monar-
quía católica, que debe sostener la *Religión* en este
mundo); el *Niño* queda en el limbo, y sólo el *Rico*
sufre la condenación eterna. Se muestran así las Pos-
trimerías, y se termina cantando el *Tamtum ergo*.
Todavía figuran cuatro versos más en los que el *Mundo*
pide perdón al público por las faltas de la represen-
tación, como era usual. Esta parte está escrita en
romance.

Fuentes

El tema de la vida como teatro es antiquísimo.
Aparece sobre todo en los pitagóricos, estoicos y
neoplatónicos.

En la *Tabla de Cebes* la vida es presentada en un
cuadro pintado; el argumento de la obra consiste en
explicar el sentido de las figuras de esta pintura.

Pero aún se puede encontrar un motivo anterior,
atribuido al mismo Pitágoras. Sosícrates, citado por
Diógenes Laercio, dice que Pitágoras comparaba la
vida humana a unas fiestas, «pues así como unos
vienen a ellas a luchar, otros a comprar o vender, y
otros, que son los mejores, a ver; también en la vida
unos nacen esclavos de la gloria, otros cazadores de
los haberes, y otros filósofos, amantes de la virtud».

El tema se encuentra, como hemos dicho, en los
estoicos. He aquí un texto de Epicteto que corres-
ponde literalmente al modo de entenderlo Calderón:

«Recuerda que eres el actor de un drama tal como lo quiere el amo: corto si lo quiere corto, largo si lo quiere largo; si quiere que hagas el papel de mendigo, de cojo, de soberano o de particular, muestra capacidad para representar bien tu papel; te corresponde interpretar bien el personaje que te ha sido confiado, pero el escogerlo le corresponde a otro.»

En Séneca se encuentra el tema en las *Epístolas a Lucilio*. Pasó a los neoplatónicos, encontrándose varios pasajes de Plotino en que se glosa. Puede verse, por ejemplo, en las *Eneadas* varios de estos pasajes (II, III; XVI, XVII). La vuelta a los autores antiguos renovó el tema en el Renacimiento. Valbuena cree que el antecedente más directo, o al menos, si fuese posterior, muy directamente emparentado con el desarrollo calderoniano, se encuentra en la traducción en verso de Quevedo (*Epicteto y Focílides en español con consonantes*, Madrid, 1635), que dice así:

No olvides que es comedia nuestra vida
y teatro de farsa el mundo todo
que muda el aparato por instantes,
y que todos en él somos farsantes;
acuérdate, que Dios, de esta comedia
de argumento tan grande y tan difuso,
es autor que la hizo y la compuso.
　Al que dio papel breve,
sólo le tocó hacerle como debe;
y al que se le dió largo,
sólo el hacerle bien dejó a su cargo.
　Si te mandó que hicieses
la persona de un pobre o un esclavo,
de un rey o de un tullido,
haz el papel que Dios te ha repartido;
pues sólo está a tu cuenta
hacer con perfección el personaje,
en obras, en acciones, en lenguaje;
que al repartir los dichos y papeles,
la representación o mucha o poca
sólo al autor de la comedia toca.

Valoración de la obra

Después de lo dicho sobre el carácter barroco de la obra calderoniana, y sobre las características de los autos sacramentales, puede decirse que la obra queda encajada en su tiempo y en la producción del autor.

Por el carácter universal del tema, ha tenido mucho éxito, así como también porque el aspecto moral es mas asequible que el puramente filosófico y teológico de otros autos. La manera de presentarlo lo enlazaba, además, con la tradición medieval de las *Danzas de la Muerte*. Por esta razón, es acaso uno de los autos más representados, aunque, como toda la obra calderoniana, tuvo un eclipse durante la época neoclásica. Fueron, como es sabido, los románticos alemanes los que volvieron a Calderón. En Inglaterra, Trench tradujo *La vida es sueño* y *El gran teatro del mundo*, y la obra es estudiada por Parker más modernamente. Parker ha editado también otro auto calderoniano del mismo tema: *No hay más fortuna que Dios*, de 1653, con una excelente introducción y un apéndice en el que se hace un interesante estudio de la figura de la *Discreción*. En este auto es la *Justicia Distributiva* la que reparte los papeles y sus atributos, pero de forma que los hombres, en vez de atribuirlo a la Providencia, creen que se debe al azaroso capricho de la falsa deidad de la Fortuna. El auto, como de fecha posterior, aparece más elaborado, sobre todo en el juego escénico de la parte central, por lo que Parker lo juzga superior a *El gran teatro del mundo*. Pero Valbuena no opina así: encuentra en el auto primero más frescura e intensidad. Salvando los aciertos del auto de 1653, cree que casi desaparece en él la idea central del mundo como representación, el doble plano de lo natural y lo sobrenatural con la muerte y juicio de los personajes. Se acentúa el tema moral del desengaño, producido al morir la Hermosura (único personaje que aquí muere), de suerte que basta para la corrección de los demás personajes, y se convierte en el tema central. Queremos destacar la especial representación de *El gran teatro del mundo*, en Eisendeln (Suiza) que se realizó en el atrio de su gran abadía benedictina, el día 24 de junio de 1950, y continuó representándose todo el verano, con gran novedad en su escenificación, pues cada personaje se hizo genérico, multiplicándose en muchos individuos, hasta el punto de intervenir en la representación hasta quinientos actores. Se utilizó la traducción de J. von Eichendorf y dirigió la escena Oscar Eberle. Se introdujeron algunos cambios, como el llamar al *Autor*, Jefe del Mundo. (La referencia de esta representación fue dada por Eugenio de Nora, en *Correo Literario*, núm. 5.)

El auto tiene especial valor por la universalidad del tema apuntada, por la ordenada estructura de sus partes, aunque sin llegar a la profunda trabazón de elementos de los máximos autos calderonianos; por la belleza de la versificación en algunos pasajes, contando con el anticipo barroco y el gusto culterano y conceptista de la época. Alcanzan una verdadera precisión de lenguaje las décimas del segundo momento, la patética trasposición de los lamentos de Job puestos en boca del *Pobre*, en el tercer momento, y algunas de las certeras frases del *Mundo*, a lo largo de la representación.

La enseñanza moral está completamente enmarcada dentro de la doctrina católica de las Postrimerías y de la conclusión tridentina de que para salvarse se necesitan juntamente la fe y las obras.

Bibliografía

Se indica sólo la que se refiere especialmente a los autos sacramentales.

1. *De colecciones de autos*

a) *Ediciones.* Aparte de la realizada en vida de Calderón, deben destacarse las siguientes:

PANDO Y MIER, Pedro, *Autos Sacramentales, alegóricos e historiales del insigne poeta español don Pedro Calderón de la Barca.* Obras póstumas, Madrid, 1717. (Figura en vol. I.)

FERNÁNDEZ Y APONTES, J., *Autos sacramentales, alegóricos e historiales del Phénix de los poetas, el español don Pedro Calderón de la Barca.* Obras póstumas. Seis volúmenes. Madrid, 1756-1759. (Figura en el vol. II.)

BIBLIOTECA DE AUTORES ESPAÑOLES, *Autos sacramentales, desde su origen hasta fines del siglo XVII.* Colección escogida, dispuesta y ordenada por Eduardo González Pedroso, tomo LVIII, Madrid, Rivadeneyra, 1865. (Figuran catorce autos de Calderón, págs. 295-550.)

VALBUENA PRAT, Ángel, *Autos sacramentales,* I. *La cena del rey Baltasar, El gran teatro del mundo, La vida es sueño.* Madrid, Clásicos Castellanos, 1926.

— *Autos sacramentales,* II. *El pleito matrimonial del Cuerpo y el Alma, Los encantos de la Culpa, Tu prójimo como a ti.* Madrid, Clásicos Castellanos, 1927 (4.ª ed., 1958).

CALDERÓN DE LA BARCA, Pedro, *Obras completas,* III. *Autos sacramentales.* Recopilación, prólogo y notas de Ángel Valbuena Prat. Madrid, Aguilar, 1952. (Edición completa.)

GONZÁLEZ RUIZ, N., *Piezas maestras del teatro teológico español.* I. *Autos sacramentales.* Selección, prólogo e introducción de N. González Ruiz. Madrid, B.A.C., 1953. (Se incluyen quince autos de Calderón, págs. 299-792.)

2. *De autos sueltos:*

WALBERG, E., «Autos sacramentales de *Las Órdenes milita-res*». *Bulletin Hispanique*, V (1903), págs. 383-408; y VI (1904), págs. 44-66, 94-113, 235-258.

PARKER, A. S., *Don Pedro Calderón de la Barca. «No hay más fortuna que Dios»*. Edited with introduction and notes by A. S. Parker. Manchester University Press, 1949.

OSMA, José M.ª de, «*El verdadero dios Pan*». *Auto sacramental alegórico de don Pedro Calderón de la Barca*. Texto y estudio por José M.ª de Osma. Lawrence, University of Kansas Press, 1949.

FRUTOS, Eugenio, *La hidalga del valle. A María, el corazón. Dos autos sacramentales marianos*. Edición, prólogo y notas de Eugenio Frutos. Madrid, Aguilar, 1963.

b) *Estudios.*

1. De carácter general sobre Calderón y sus autos.

FRUTOS, Eugenio, *Calderón de la Barca. (Estudios y antología)*. Clásicos Labor, IX. Barcelona, 1949.

— *La filosofía de Calderón en sus autos sacramentales* (tesis doctoral). Institución «Fernando el Católico», Zaragoza, 1952.

KASPER, W., «Calderons Metaphysik nach den autos sacramentales», en *Philosophisches Jahrbuch der Görres-Gesellschaft*, vol. XXX (1917), págs. 416-435.

LATORRE BADILLO, M., «Representación de los autos sacramentales en el período de su mayor florecimiento», en *Revista de Archivos* (3.ª época), XXV (1911), págs. 189-211 y 342-367; y XXVI (1912), págs. 72-89 y 236-262.

McGASRY, M. F. de Sales, *The allegorical and metaphorical language in the autos sacramentales of Calderón*. Washington, 1937.

MARGRAFF, Na, *Der Mensch und sein Seelenleben in dem autos sacramentales des D. Pedro Calderón de la Barca*. Bonn, 1912.

PARKER, Alexander A., *The allegorical drama of Calderón. An introduction to the autos sacramentales*. Oxford y Londres, The Dolphin Book, 1943.

SCHWARZ, Egon, *Hofmansthal und Calderón*. Morton et c. La Haya, 1962.

SHERGOLD, N. D. y VAREY, L. E., *Los autos sacramentales en Madrid en la época de Calderón (1637-1681)*. *Estudios y documentos*. Madrid, C. Edhigar, 1961.

SLOMAN, Albert E., *The dramatic Craftsmanship of Calderón*. Oxford, The Dolphin Book, 1958.

THOMAS, Lucien-Paul, «Le jeu de scêne et l'architecture des idées dans le théatre allegorique de Calderón», en *Homenaje a Menéndez Pidal*, 1925.

VALBUENA, PRAT, A., *Calderón. Su personalidad, su arte dramático, su estilo y sus obras*. Barcelona, Ed. Juventud, 1941.

— «Los autos sacramentales de Calderón, su clasificación y su análisis», en *Revue Hispanique*, 1924.

2. Sobre *El gran teatro del mundo*.

CIROT, G., «El gran teatro del mundo», en *Bulletin Hispanique*, XLIII (1941), págs. 290-305.

RITTER, Federica, «El gran teatro del mundo. La historia de una metáfora», en *Panorama*, II, Washington, 1953, págs., 81-97.

VALBUENA PRAT, A., «Una representación de "El gran teatro del mundo". La fuente de este auto», en *Revista de Bibliotecas, Archivos y Museos del Ayuntamiento de Madrid*, V (1928), págs. 79-82.

VILANOVA, A., «El tema de "El gran teatro del mundo"», en *Boletín de la Real Academia de Buenas Letras*, XXIII, Barcelona, 1950, f. 2.º, págs. 153-155.

*Cronología
de
Calderón de la Barca*

CRONOLOGÍA

ACONTECIMIENTOS POLÍTICOS	VIDA DE CALDERÓN	AÑOS Y REINADOS		OBRAS PRINCIPALES DE CALDERÓN	ACONTECIMIENTOS LITERARIOS Y CULTURALES
	Nace en Madrid (17-I)	1600	F E L I P E III (1598 - 1621)		*Gracián (1601)
		1605			Quijote, I (1605) / *Corneille (1605)
Expulsión de los moriscos (1609)		1610			Lope, Arte nuevo (1609)
Asesinato en 1610, de Enrique IV de Francia	Estudios en Alcalá (1614) / Muere su padre (1615)	1615			+El Greco (1614) / Quijote, II (1615) / +Cervantes, +Shakespeare (1616) / *Moreto (1618)
Exploración del Cabo de Hornos (1617)	Estudios en Salamanca (1615-1620) / Estancia en Flandes? (1623-1625)	1620			*Valdés Leal, *Molière (1622) / +Pascal (1623)
		1625	(1665)	Amor, honor y poder (1623) / El sitio de Breda (1626) / El príncipe constante (1628) / Casa con dos puertas (1629) / La dama duende (1629)	Quevedo, El Buscón (1626) / +Góngora, *B. L. Argensola (1631) / La Dorotea (1632)
		1630		La devoción de la Cruz (1633) / La cena de Baltasar (1634)	
Guerra contra Francia		1635		La vida es sueño (1635)	+Lope de Vega (1635)

Historia	Biografía	Reinado	Año	Obras	Vida cultural
Batalla de Rocroy (1642)	Abandona la milicia (1642)	F E L I P E		El alcalde de Zalamea (1642)	*Newton. +Galileo (1642)
Muere el Conde-Duque (1645)			1645	El gran teatro del mundo (entre 1635 y 1645)	*Quevedo (1645)
Segundo matrimonio del rey (1648)	Ingreso en la Orden Tercera (1650)			La segunda esposa (1648)	*Leibniz (1645)
Paz de Westfalia (1648)				Los encantos de la culpa (1649)	*Tirso (1648)
					+Montañés (1649)
	Sacerdote (1651)		1650		*Descartes. *Churriguera (1650)
	Capellán de Reyes Nuevos, Toledo (1653)			La hija del aire (1653)	+Ribera (1652)
				No hay más Fortuna que Dios (1652-53)	
			1655	El Laurel de Apolo (1657)	+Gracián (1658)
Tratado de los Pirineos (1659)					
			1660	El diablo mudo (1660)	+Velázquez (1660)
	Regresa a Madrid, Capellán de honor del rey (1663)			Las órdenes militares (1662)	+Pascal (1662)
				A María, el corazón (1664)	
	Capellán de honor de Presbíteros de Madrid (1666)	(1665 - 1709)	1665		
Francia ocupa los Países Bajos (1667)		C A R L O S I I		El gran príncipe de Fez (1669)	+Moreto (1669)
Independencia de Portugal (1668)			1670	El Santo rey D. Fernando (1671)	
				La vida es sueño (auto, 1673)	+Molière (1673)
					+Miltón (1674)
			1675	El jardín de Falerina (1675)	
	Publicación 1er volumen de Autos (1677)			El segundo Escipión (1677)	
Paz de Nimega (1678)					
			1680	Andrómeda y Perseo (1680)	
	Muere en Madrid (25-V-1681)		1681	La divina Filotea (1681)	

NOTA.—El signo * antepuesto a un nombre significa nacimiento. El signo + significa muerte.

El gran teatro del mundo

PERSONAJES

EL AUTOR
EL MUNDO
EL REY
LA DISCRECIÓN
LA LEY DE GRACIA
LA HERMOSURA

EL RICO
EL LABRADOR
EL POBRE
UN NIÑO
UNA VOZ
ACOMPAÑAMIENTO

Sale el AUTOR *con manto de estrellas y potencias*[1] *en el sombrero*

AUTOR   Hermosa compostura
de esa varia inferior arquitectura,
que entre sombras y lejos[2]
a esta celeste usurpas los reflejos,
cuando con flores bellas   5
el número compite a sus estrellas,
siendo con resplandores
humano cielo de caducas flores.
    Campaña de elementos,
con montes, rayos, piélagos y vientos;   10
con vientos, donde graves
te surcan los bajeles de las aves;

---

[1] *potencias*, rayos o varillas de metal que se colocan, por lo general, en tres haces de tres rayos, en la cabeza de Dios.
[2] *lejos*, las partes más alejadas de una pintura.

con piélagos y mares donde a veces
te vuelan las escuadras de los peces;
con rayos donde ciego   15
te ilumina la cólera del fuego;
con montes donde dueños absolutos
te pasean los hombres y los brutos:
siendo, en continua guerra,
monstruo de fuego y aire, de agua y   20
    Tú, que siempre diverso,   [tierra.
la fábrica feliz del universo
eres[3], primer prodigio sin segundo,
y por llamarte de una vez, tú el Mundo,
que naces como el Fénix[4] y en su fama 25
de tus mismas cenizas...

Sale el MUNDO *por diversa puerta*

MUNDO   ¿Quién me llama,
que desde el duro centro
de aqueste globo que me esconde dentro
alas viste veloces?[5]
    ¿Quién me saca de mí, quién me da   30
                      [voces?
AUTOR   Es tu Autor Soberano.
De mi voz un suspiro, de mi mano
un rasgo es quien[6] te informa

---

[3] La «fábrica del universo» es el modo renacentista y barroco de concebir la estructura del universo. Los niños conciben también los elementos del mismo —sol, nubes, etc.— como 'fabricados'.

[4] El Fénix es un ave legendaria que, al sentirse morir, construía un nido de leños olorosos, y batiendo sus alas al sol, los incendiaba, surgiendo de las cenizas un ave nueva.

[5] El sentido es: «¿Quién me llama, que [me] viste alas veloces [para obligarme a salir] desde el duro centro de este globo que me esconde?»

[6] En la actualidad, el antecedente de *quien* sólo puede ser un nombre de persona; en la época de Calderón, podía ser también un nombre de cosa *(suspiro, rasgo)*.

           y a su[7] oscura materia le de forma[8].
MUNDO   Pues ¿qué es lo que me mandas?¿Qué me   35
                                            [quieres?
AUTOR   Pues soy tu Autor, y tú mi hechura eres,
           hoy, de un concepto mío,
           la ejecución a tus aplausos fío.
              Una fiesta hacer quiero
           a mi mismo poder, si considero   40
           que sólo a ostentación de mi grandeza
           fiestas hará la gran naturaleza;
           y como siempre ha sido
           lo que más ha alegrado y divertido
           la representación bien aplaudida,   45
           y es representación la humana vida,
           una comedia sea
           la que hoy el cielo en tu teatro vea.
           Si soy Autor[9] y si la fiesta es mía,
           por fuerza la ha de hacer mi compañía.   50
           Y pues que yo escogí de los primeros
           los hombres, y ellos son mis compañeros[10],
           ellos, en el *teatro*
           del mundo, que contiene partes cuatro[11],
           con estilo oportuno   55
           han de representar. Yo a cada uno
           el papel le daré que le convenga,
           y porque en fiesta igual su parte tenga

_____
   [7] Debe de ser, según Valbuena, *a tu oscura*.
   [8] Se recoge la idea aristotélico-escolástica de que todo ser
está compuesto de materia y forma. En el mundo esta materia
anterior es el *caos*, pero esta materia informe es también de crea-
ción divina.
   [9] Calderón juega en estos dos versos, con dos acepciones del
vocablo *autor*, que, en el XVII, aparte su significado ordinario,
designaba también al empresario de una compañía teatral.
   [10] Los versos 51-52 significan que el Autor —esto es, Dios—
escogió como «compañía» a los hombres, pues éstos, al tener un
alma hecha a imagen y semejanza de Dios, son, por esta seme-
janza, los únicos que pueden hacerle compañía.
   [11] Se refiere a las cuatro partes del mundo, que entonces se
contaban: Europa, Asia, África y América.

el hermoso aparato
de apariencias[12], de trajes el ornato,   60
hoy prevenido quiero
que, alegre, liberal y lisonjero,
fabriques apariencias
que de dudas se pasen a evidencias[13].
Seremos, yo el Autor, en un instante,   65
tú el teatro, y el hombre el recitante.

MUNDO   Autor generoso mío,
a cuyo poder, a cuyo
acento obedece todo,
yo, *el gran teatro del mundo*,   70
para que en mí representen
los hombres, y cada uno
halle en mí la prevención
que le impone el papel suyo,
como parte obedencial[14],   75
—que solamente ejecuto
lo que ordenas, que aunque es mía
la obra el milagro es tuyo—,
primeramente porque es
de más contento y más gusto   80
no ver el tablado antes
que esté el personaje a punto,
lo tendré de un negro velo
todo cubierto y oculto,
que sea un caos donde estén   85
los materiales confusos[15].
Correráse aquella niebla
y, huyendo el vapor oscuro,

---

[12] *apariencias*, 'decoraciones de los teatros', en aquella época.

[13] Es decir, que, partiendo del caos primitivo, pasen a formas claras y definidas.

[14] *parte obedencial* es la que cumple su voluntad sin escudriñar sus últimos motivos. El Mundo obedece a Dios sin alcanzar sus designios.

[15] Calderón identifica el *caos* de los poetas con la *nada* de los profetas, como puede verse en *El año Santo de Roma* (Pando, II, página 174).

para alumbrar el teatro
(porque adonde luz no hubo   90
no hubo fiesta), alumbrarán
dos luminares, el uno
divino farol del día [16],
y de la noche nocturno
farol el otro, a quien ardan   95
mil luminosos carbunclos [17],
que en la frente de la noche
den vividores influjos.
En la primera jornada,
sencillo y cándido nudo   100
de la gran ley natural
allá en los primeros lustros,
aparecerá un jardín [18]
con bellísimos dibujos,
ingeniosas perspectivas,   105
que se dude cómo supo
la naturaleza hacer
tan gran lienzo sin estudio.
Las flores mal despuntadas
de sus rosados capullos   110
saldrán la primera vez
a ver el Alba en confuso.
Los árboles estarán
llenos de sabrosos frutos,
si ya el áspid de la envidia   115
no da veneno en alguno [19].

---

[16] El Mundo está recordando su propio origen. Alude ahora a la creación del sol, la luna y las estrellas.

[17] *carbunclo*, piedra preciosa que tomó nombre del carbón encendido, por tener color de fuego.

[18] Esto es, el Paraíso Terrenal. Calderón divide la Creación en tres actos, como las comedias: ley natural, ley escrita y ley de gracia.

[19] Se refiere al árbol de la Ciencia del Bien y del Mal, en cuyo fruto la envidia del demonio, en figura de serpiente, puso el veneno que causó el pecado original.

Quebraránse mil cristales
en guijas, dando su curso
para que el Alba los llore
mil aljófares[20] menudos.   120
Y para que más campee
este humano cielo juzgo
que estará bien engastado
de varios campos incultos.
Donde fueren menester   125
montes y valles profundos
habrá valles, habrá montes;
y ríos, sagaz y astuto,
haciendo zanjas la tierra
llevaré por sus conductos,   130
brazos de mar desatados
que corran por varios rumbos.
Vista la primera escena
sin edificio ninguno,
en un instante verás   135
cómo repúblicas fundo,
cómo ciudades fabrico,
cómo alcázares descubro.
Y cuando solicitados
montes fatiguen algunos   140
a la tierra con el peso
y a los aires con el bulto,
mudaré todo el teatro
porque todo, mal seguro,
se verá cubierto de agua   145
a la saña de un diluvio[21].
En medio de tanto golfo,
a los flujos y reflujos
de ondas y nubes, vendrá
haciendo ignorados surcos   150

---

20 *aljófar*, perla pequeña de figura irregular.
21 El Diluvio Universal, con el que termina la primera jornada de la Creación.

por las aguas un bajel[22]
que fluctuando seguro
traerá su vientre preñado
de hombres, de aves y de brutos.
A la seña que, en el cielo,   155
de paz hará un arco rubio
de tres colores, pajizo,
tornasolado y purpúreo[23],
todo el gremio de las ondas
obediente a su estatuto   160
hará lugar[24], observando
leyes que primero tuvo,
a la cerviz de la tierra
que, sacudiéndose el yugo,
descollará su semblante,   165
bien que macilento y mustio.
Acabado el primer acto,
luego empezará el segundo,
ley escrita en que poner
más apariencias procuro,   170
pues para pasar a ella
pasarán, con pies enjutos,
los hebreos desde Egipto
los cristales del mar rubio[25];
amontonadas las aguas,   175
verá el sol que le descubro
los más ignorados senos
que ha mirado en tantos lustros.
Con dos columnas de fuego
ya me parece que alumbro   180
el desierto, antes de entrar

---

[22] Así llama al Arca de Noé.
[23] Alude al Arco Iris. Menciona siempre sólo estos tres colores: amarillo, azul y rojo. «Tornasol» es una sustancia colorante azul que con los ácidos se vuelve roja.
[24] Es decir, detendrá su desorden, y la tierra y los elementos se regirán por las leyes naturales.
[25] Se refiere al Mar Rojo. *Rubeus*, en latín, significa «rojo».

45

en el prometido fruto.
Para salir con la ley,
Moisés a un monte robusto[26]
le arrebatará una nube   185
en el rapto[27] vuelo suyo.
Y esta segunda jornada
fin tendrá en un furibundo
eclipse, en que todo el Sol
se ha de ver casi difunto[28].   190
Al último parasismo
se verá el orbe cerúleo
titubear, borrando tantos
paralelos y coluros[29].
Sacudiránse los montes   195
y delirarán los muros,
dejando en pálidas ruinas
tanto escándalo caduco.
Y empezará la tercera
jornada, donde hay anuncios   200
que habrá mayores portentos,
por ser los milagros muchos
de la *ley de gracia*, en que
ociosamente discurro.
Con lo cual en tres jornadas,   205
tres leyes y un estatuto,
los hombres dividirán
las tres edades del mundo;
hasta que, al último paso,

---

[26] Alude al Sinaí. Y las dos columnas son las que guiaron al pueblo hebrero en su peregrinación por el desierto.

[27] *en el rapto vuelo suyo*, en su *raudo* vuelo. También se llama *movimiento rapto* al de los astros, de Levante a Poniente. (*Dic. de Autoridades.*)

[28] Se refiere al eclipse del sol y terremoto en la muerte de Jesús.

[29] *coluros*, cada uno de los círculos máximos de la esfera celeste que pasan por los polos y cortan a la eclíptica en los puntos de los equinoccios y solsticios.

todo el tablado, que tuvo   210
tan grande aparato en sí,
una llama, un rayo puro
cubrirá porque no falte
fuego en la fiesta...[30] ¿Qué mucho
que aquí, balbuciente el labio,   215
quede absorto, quede mudo?
De pensarlo me estremezco,
de imaginarlo me turbo,
de repetirlo me asombro,
de acordarlo me consumo.   220
Mas ¡dilátese esta escena,
este paso horrible y duro,
tanto, que nunca le vean
todos los siglos futuros.
Prodigios verán los hombres   225
en tres actos, y ninguno
a su representación
faltará por mí en el uso.
Y pues que ya he prevenido
cuanto[31] al teatro, presumo   230
que está todo ahora; cuanto
al vestuario, no dudo
que allá en tu mente le tienes,
pues allá en tu mente juntos,
antes de nacer, los hombres   235
tienen los aplausos suyos.
Y para que, desde Ti,
a representar al mundo
salgan y vuelvan a entrarse,
ya previno mi discurso   240
dos puertas: *la una es la cuna
y la otra es el sepulcro.*
   Y para que no les falten
las galas y adornos juntos,

---

[30] Aquí describe el fin del mundo.
[31] *cuanto*, en este verso y en el siguiente, 'en cuanto'.

para vestir los papeles   245
tendré prevenido a punto
al que hubiere de hacer rey,
púrpura y laurel augusto;
al valiente capitán,
armas, valores y triunfos;   250
al que ha de hacer el ministro,
libros, escuelas y estudios.
Al religioso, obediencias;
al facineroso, insultos;
al noble le daré honras,   255
y libertades al vulgo.
Al labrador, que a la tierra
ha de hacer fértil a puro
afán, por culpa de un necio[32],
le daré instrumentos rudos.   260
A la que hubiere de hacer
la dama, le daré sumo
adorno en las perfecciones,
dulce veneno de muchos[33].
Sólo no vestiré al pobre   265
porque es papel de desnudo,
porque ninguno después
se queje de que no tuvo
para hacer bien su papel
todo el adorno que pudo,   270
pues el que bien no lo hiciere
será por defecto suyo,
no mío. Y pues que ya tengo
todo el aparato junto,
venid, mortales, venid   275
a adornaros cada uno
para que representéis
en el *teatro del mundo*. (*Vase.*)

---

[32] **Adán**, condenado a ganar el pan con esfuerzo.
[33] Quiere decir que las perfecciones de la mujer serán ocasión
de tentación y pecados en los hombres.

AUTOR   Mortales que aún no vivís
y ya os llamo yo mortales,   280
pues en mi presencia iguales
antes de ser asistís[34];
aunque mis voces no oís,
venid a aquestos vergeles,
que ceñido de laureles,   285
cedros y palma os espero,
porque aquí entre todos quiero
repartir estos papeles.

Salen el RICO, *el* REY, *el* LABRADOR, *el* POBRE *y la*
HERMOSURA, *la* DISCRECIÓN *y un* NIÑO.

REY   Ya estamos a tu obediencia,
Autor nuestro, que no ha sido   290
necesario haber nacido
para estar en tu presencia.
Alma, sentido, potencia,
vida, ni razón tenemos[35];
todos informes nos vemos;   295
polvo somos de tus pies.
Sopla aqueste[36] polvo, pues,
para que representemos.
HERM.   Sólo en tu concepto[37] estamos,
ni animamos[38] ni vivimos,   300
ni tocamos ni sentimos
ni del bien ni el mal gozamos;

---

[34] Los seres están eternamente en la mente divina, aunque su existencia temporal comience en un momento dado. Por eso Dios tiene a los hombres «en presencia» antes de existir y sabe ya que han de ser mortales.

[35] Nótese que la conjunción 'ni' está usada sólo con el último sustantivo, giro que hoy no se emplea.

[36] *aqueste*, por 'este', es un arcaísmo.

[37] En el 'concepto' divino están todas las esencias, y, por tanto, también las de los seres que no existen todavía.

[38] *ni animamos*, es decir, 'no tenemos aún alma'.

	pero, si hacia el mundo vamos	
	todos a representar,	
	los papeles puedes dar,	305
	pues en aquesta ocasión	
	no tenemos elección	
	para haberlos de tomar[39].	
LABRAD.	Autor mío soberano	
	a quien conozco desde hoy,	310

LABRAD.   Autor mío soberano
a quien conozco desde hoy,   310
a tu mandamiento estoy
como hechura de tu mano,
y pues Tú sabes, y es llano
porque en Dios no hay ignorar,
qué papel me puedes dar,   315
si yo errare este papel,
no me podré quejar de él:
de mí me podré quejar.

AUTOR   Ya sé que si para ser[40]
el hombre elección tuviera,   320
ninguno el papel quisiera
del sentir y padecer;
todos quisieran hacer
el de mandar y regir,
sin mirar, sin advertir   325
que en acto tan singular,
aquello es representar,
aunque piensen que es vivir.
Pero yo, Autor soberano,
sé bien qué papel hará   330
mejor cada uno; así va
repartiéndolos mi mano.
(Da su papel a cada uno.)
Haz tú el Rey.

---

[39] No tienen elección, porque aún no existen ni están dotados de facultades. Para elegir se neceista estar dotado de voluntad. No se elige lo que cada uno representa en el mundo, sino el modo de representarlo. Esto corresponde a una sociedad muy rígida, en la que no se cambia de estado.

[40] *para ser*, esto es, 'para existir'.

REY   Honores gano.

AUTOR   La dama, que es la hermosura
         humana, tú.

HERM.   ¡Qué ventura!   335

AUTOR   Haz tú al rico, al poderoso.

RICO   En fin nazco venturoso
         a ver del sol la luz pura.

AUTOR   Tú has de hacer al labrador.

LABRAD.   ¿Es oficio o beneficio?   340

AUTOR   Es un trabajoso oficio.

LABRAD.   Seré mal trabajador.
         Por vuestra vida, Señor,
         que aunque soy hijo de Adán,
         que no me deis este afán,   345
         aunque me deis posesiones,
         porque tengo presunciones
         que he de ser grande holgazán.
         De mi natural infiero,
         con ser tan nuevo, Señor,   350
         que seré mal cavador
         y seré peor quintero [40 bis];
         si aquí valiera un «no quiero»
         dijérale, mas delante
         de un autor tan elegante,   355
         nada un «no quiero» remedia,
         y así seré en la comedia
         el peor representante.
         Como sois cuerdo, me dais
         como el talento el oficio,   360
         y así mi poco jüicio
         sufrís y disimuláis;
         nieve como lana dais;
         justo sois, no hay que quejarme;
         y pues que ya perdonarme   365
         vuestro amor me muestra en él,

[40 bis] *quintero*, el que tiene arrendada una quinta o casa de campo.

yo haré, Señor, mi papel
despacio por no cansarme[41].

AUTOR   Tú, la discreción harás.

DISCR.   Venturoso estado sigo,   370

AUTOR Haz tú al mísero, al mendigo.

POBRE ¿Aqueste papel me das?

AUTOR Tú, sin nacer morirás.

NIÑO   Poco estudio el papel tiene.

AUTOR Así mi ciencia previene   375
que represente el que viva.
Justicia distributiva[42]
soy, y es lo que os conviene[43].

POBRE   Si yo puediera excusarme
deste[44] papel, me excusara,   380
cuando mi vida repara
en el que has querido darme;
y ya que no declararme
puedo, aunque atrevido quiera,
le tomo, mas considera,   385
ya que he de hacer el mendigo,
no, Señor, lo que te digo,
lo que decirte quisiera.
   ¿Por qué tengo de hacer yo
el pobre en esta comedia?   390
¿Para mí ha de ser tragedia,
y para los otros no?
¿Cuando este papel me dio
tu mano, no me dio en él
igual alma a la de aquél   395

---

41 Todo este recitado del labrador muestra que hace el papel
de «gracioso», que era casi obligado en nuestro teatro clásico.
Llama *elegante* al autor en el sentido de «poseer gracia, nobleza
y sencillez».

42 La «justicia conmutativa» manda dar a cada uno lo suyo;
la «distributiva», a cada uno según sus merecimientos.

43 Valbuena, en su última edición opina que este verso debe
decir: «Soy, y sé lo que os conviene», pues así lo pide el
sentido.

44 *deste*, contracción anticuada, por 'de este'.

que hace el rey? ¿Igual sentido?
¿Igual ser? Pues ¿por qué ha sido
tan desigual mi papel?
    Si de otro barro me hicieras,
si de otra alma me adornaras, 400
menos vida me fiaras,
menos sentidos me dieras;
ya parece que tuvieras
otro motivo, Señor;
pero parece rigor, 405
—perdona decir *cruel*—
el ser mejor su papel
no siendo su ser mejor.

AUTOR   En la representación
igualmente satisface 410
el que bien al pobre hace
con afecto, alma y acción
como el que hace al rey, y son
iguales éste y aquél
en acabando el papel. 415
Haz tú bien el tuyo y piensa
que para la recompensa
yo te igualaré con él.
    No porque pena te sobre,
siendo pobre, es en mi ley 420
mejor papel el del rey
si hace bien el suyo el pobre;
uno y otro de mí cobre
todo el salario después
que haya merecido, pues 425
en cualquier papel se gana,
que toda la vida humana
representaciones es.
    Y la comedia acabada
ha de cenar a mi lado 430
el que haya representado,
sin haber errado en nada,
su parte más acertada;

	allí, igualaré a los dos.	
HERM.	Pues, decidnos, Señor, Vos,	435
	¿cómo en lengua de la fama	
	esta comedia se llama?	
AUTOR	*Obrar bien, que Dios es Dios.*	
REY	Mucho importa que no erremos	
	comedia tan misteriosa.	440
RICO	Para eso es acción forzosa	
	que primero lo ensayemos.	
DISCR.	¿Cómo ensayarla podremos	
	si nos llegamos a ver	
	sin luz, sin alma y sin ser	445
	antes de representar?	
POBRE	Pues ¿cómo sin ensayar	
	la comedia se ha de hacer?	
LABRAD.	Del pobre apruebo la queja,	
	que lo siento así, Señor,	450
	(que son, pobre y labrador	
	para par a la pareja).	
	Aun una comedia vieja	
	harta de representar	
	si no se vuelve a ensayar	455
	se yerra cuando se prueba.	
	Si no se ensaya esta nueva,	
	¿cómo se podrá acertar?	
AUTOR	Llegando ahora a advertir	
	que, siendo el cielo jüez,	460
	se ha de acertar de una vez	
	cuanto es nacer y morir	
HERM.	Pues ¿el entrar y el salir	
	cómo lo hemos de saber	
	ni a qué tiempo haya de ser?	465
AUTOR	Aun eso se ha de ignorar,	
	y de una vez acertar	
	cuanto es morir y nacer.	
	Estad siempre prevenidos	
	para acabar el papel;	470

que yo os llamaré al fin de él.
POBRE ¿Y si acaso los sentidos
tal vez se miran perdidos?
AUTOR Para eso, común grey,
tendré, desde el pobre al rey,   475
para enmendar al que errare
y enseñar al que ignorare,
con el apunto, a mi Ley[45];
ella a todos os dirá
lo que habéis de hacer, y así   480
nunca os quejaréis de mí.
Albedrío[46] tenéis ya,
y pues prevenido está
el teatro, vos y vos
medid las distancias dos   485
de la vida.
DISCR.   ¿Qué esperamos?
¡Vamos al teatro!
TODOS   ¡Vamos
a *obrar bien, que Dios es Dios!*

Al irse[47] *a entrar, sale el* MUNDO *y detiénelos*

MUNDO   Ya está todo prevenido
para que se represente   490
esta comedia aparente
que hace el humano sentido.
REY Púrpura y laurel te pido.
MUNDO ¿Por qué púrpura y laurel?

----

[45] La *Ley* hará de apuntador, para evitar que el hombre se equivoque. *Apunto* era el libreto que el apuntador tenía, para ir leyendo en alta voz la obra. La comedia de la vida no se puede ensayar, porque no se vive dos veces.

[46] *albedrío* es la facultad humana de elegir libremente entre el bien y el mal.

[47] *irse a entrar*, por 'ir a entrar', como se dice hoy corrientemente.

REY Porque hago este papel. 495
*(Enséñale el papel, y toma la púrpura y
corona, y vase.)*
MUNDO Ya aquí prevenido está.
HERM. A mí, matices me da
de jazmín, rosa y clavel.
    Hoja a hoja y rayo a rayo
se desaten a porfía 500
todas las luces del día,
todas las flores del Mayo;
padezca mortal desmayo
de envidia al mirarme el sol,
y como a tanto arrebol 505
el girasol ver desea,
la flor de mis luces sea
siendo el sol mi girasol.
MUNDO   Pues ¿cómo vienes tan vana
a representar al mundo? 510
HERM. En este papel me fundo.
MUNDO ¿Quién es?
HERM.   La hermosura humana.
MUNDO Cristal, carmín, nieve y grana
pulan sombras y bosquejos
que te afeiten[48] de reflejos. 515
(Dale un ramillete.)
HERM. Pródiga estoy de colores.
Servidme de alfombra, flores;
sed, cristales, mis espejos. *(Vase.)*
RICO   Dadme riquezas a mí,
dichas y felicidades, 520
pues para prosperidades
hoy vengo a vivir aquí.
MUNDO Mis entrañas para ti
a pedazos romperé;
de mis senos sacaré 525
toda la plata y el oro,

---

[48] *te afeiten*, es decir, 'te adornen y embellezcan'.

	que en avariento tesoro	
	tanto encerrado oculté.	
	(Dale joyas.)	
RICO	Soberbio y desvanecido	
	con tantas riquezas voy.	530
DISCR.	Yo, para mi papel, hoy,	
	tierra en que vivir te pido.	
MUNDO	¿Qué papel el tuyo ha sido?	
DISCR.	La discreción estudiosa.	
MUNDO	Discreción tan religiosa	535
	tome ayuno y oración.	
	(Dale cilicio y disciplina.)	
DISCR.	No fuera yo discreción	
	tomando de ti otra cosa. *(Vase.)*	
MUNDO	¿Cómo tú entras sin pedir	
	para el papel que has de hacer?	540
NIÑO	¡Cómo no te he menester!	
	para lo que he de vivir!...	
	Sin hacer he de morir,	
	en ti no tengo de estar	
	más tiempo que el de pasar	545
	de una cárcel a otra oscura,	
	y para una sepultura	
	por fuerza me la has de dar.	
MUNDO	¿Qué pides tú, di, grosero?	
LABRAD.	Lo que le diera yo a él.	550
MUNDO	Ea, muestra tu papel.	
LABRAD.	Ea, digo que no quiero.	
MUNDO	De tu proceder infiero	
	que, como bruto gañán,	
	habrás de ganar tu pan.	555
LABRAD.	Esas mis desdichas son.	
MUNDO	Pues, toma aqueste azadón.	
	(Dale un azadón.)	
LABRAD.	Esta es la herencia de Adán.	
	Señor Adán, bien pudiera,	
	pues tanto llegó a saber,	560
	conocer que su mujer	

                    pecaba de bachillera;
                    dejárala que comiera
                    y no la ayudara él;
                    más como amante cruel   565
                    dirá que se lo rogó
                    y así tan mal como yo
                    representó su papel. *(Vase.)*
POBRE   Ya que a todos darles dichas
                    gustos y contentos vi,   570
                    dame pesares a mí,
                    dame penas y desdichas;
                    no de las venturas dichas
                    quiero púrpura y laurel;
                    déste colores, de aquél   575
                    plata ni oro no he querido.
                    Sólo remiendos te pido.
MUNDO   ¿Qué papel es tu papel?
POBRE   Es mi papel la aflicción,
                    es la angustia, es la miseria,   580
                    . . . . ⁴⁹
                    la desdicha, la pasión,
                    el dolor, la compasión,
                    el suspirar, el gemir,
                    el padecer, el sentir,
                    importunar y rogar,   585
                    el nunca tener que dar,
                    el siempre haber de pedir.
                    El desprecio, la esquivez,
                    el baldón, el sentimiento,
                    la vergüenza, el sufrimiento,   590
                    el hambre, la desnudez,
                    el llanto, la mendiguez,
                    la inmundicia, la bajeza,
                    el desconsuelo y pobreza,
                    la sed, la penalidad,   595
                    y es la vil necesidad,

<hr>

⁴⁹ Falta un verso para completar la décima.

que todo esto es la pobreza.

MUNDO   A ti nada te he de dar,
que el que haciendo al pobre vive
nada del mundo recibe,   600
antes te pienso quitar
estas ropas, que has de andar
desnudo, para que acuda *(desnúdale)*
yo a mi cargo, no se duda.

POBRE En fin, este mundo triste   605
al que está vestido viste
y al desnudo le desnuda.

MUNDO   Ya que de varios estados
está el teatro cubierto,
pues un rey en él advierto   610
con imperios dilatados;
beldad a cuyos cuidados
se adormecen los sentidos,
poderosos aplaudidos,
mendigos, menesterosos,   615
labradores, religiosos,
que son los introducidos
para hacer los personajes
de la comedia de hoy,
a quien[50] yo el teatro doy,   620
las vestiduras y trajes
de limosnas y de ultrajes
¡sal, divino Autor, a ver
las fiestas que te han de hacer
los hombres! ¡Abrase el centro   625
de la tierra, pues que dentro
della la escena ha de ser!

Con música se abren a un tiempo dos globos: en el uno estará un trono de gloria, y en él el AUTOR *sentado; en el otro ha de haber representación con dos puertas: en la una pintada una cuna y en la otra un ataúd*

---

[50] *quien* por 'quienes', es forma corriente en la época.

AUTOR   Pues para grandeza mía
          aquesta fiesta he trazado,
          en este trono sentado,   630
          donde es eterno mi día,
          he de ver mi compañía.
          Hombres que salís al suelo
          por una cuna de yelo
          y por un sepulcro entráis,   635
          ved cómo representáis,
          que os ve el Autor desde el cielo.

Sale la DISCRECIÓN *con un instrumento, y canta*

DISCR.   Alaben al Señor de tierra y cielo,
          el sol, luna y estrellas;
          alábenle las bellas   640
          flores que son carácteres[51] del suelo;
          alábele la luz, el fuego, el yelo,
          la escarcha y el rocío,
          el invierno y estío,
          y cuanto esté debajo de este velo   645
          que en visos celestiales,
          árbitro es de los bienes y los males[52].
          (Vase.)
AUTOR   Nada me suena mejor
          que en voz del hombre este fiel
          himno que cantó Daniel   650
          para templar el furor
          de Nabuco-Donosor.

---

[51] El ritmo de los versos pide acentuar *carácteres.*

[52] Los versos 638-647 son parte del himno que cantan los tres hebreos arrojados al horno por Nabucodonosor, en *Daniel*, cap. III, versículos 52-90. Los que utiliza Calderón son los versículos 62-64 y 66-72. Este himno y el que inmediatamente antes canta —en *Daniel*— Azarías, no figuran, como advierte San Jerónimo, en los códices hebreos, y están tomados del texto de los *Setenta* y de la versión de Teodoción; pero, como apostilla el padre Scio *(La Biblia Vulgata*, 2.ª ed., Madrid, 1853, vol. VIII, pág. 19) «la Iglesia lo ha venerado siempre como sagrado y canónico». La interpolación abarca del versículo 24 al 90.

MUNDO   ¿Quién hoy la *loa*[53] echará?
Pero en la apariencia ya
la ley convida a su voz   655
que como corre veloz,
en elevación[54] está
sobre la haz de la tierra.

Aparece la LEY DE GRACIA *en una elevación, que estará
sobre donde estuviere el* MUNDO, *con un papel en la
mano*

LEY   Yo, que Ley de Gracia soy,
la fiesta introduzgo[55] hoy;   660
para enmendar al que yerra
en este papel se encierra
la gran comedia, que Vos
compusisteis sólo en dos
versos que dicen así: 665
*(Canta.) Ama al otro como a ti,
y obra bien, que Dios es Dios.*

MUNDO   La Ley, después de la loa,
con el apunto quedó.
Victoriar[56] quisiera aquí   670
pues me representa a mí:
vulgo desta fiesta soy;   ·
mas callaré porque empieza
ya la representación.

Salen la HERMOSURA *y la* DISCRECIÓN *por la puerta
de la cuna*

HERM.   Vente conmigo a espaciar   675
por estos campos que son

---

53 La *loa*, en el teatro antiguo, era el prólogo de la función.
54 La *elevación* era un tablado más alto que el resto de la
escena. En el verso siguiente, «sobre la-haz» ha de leerse sin hacer
la sinalefa, como si dijese «sobre la faz»; recuerda la aspiración
de la *h*, como en otros casos.
55 *introduzgo*, por 'introduzco'.
56 Victoriar, 'vitorear'. El Mundo, para el cual ha representado

felice[57] patria del Mayo,
dulce lisonja del sol;
pues sólo a los dos conocen,
dando solos a los dos, 680
resplandores, rayo a rayo,
y matices, flor a flor.

DISCR. Ya sabes que nunca gusto
de salir de casa yo,
quebrantando la clausura 685
de mi apacible prisión.

HERM. ¿Todo ha de ser para ti
austeridad y rigor?
¿Na ha de haber placer un día?
Dios, di ¿para qué crió 690
flores, si no ha de gozar
el olfato el blando olor
de sus fragantes aromas?
¿Para qué aves engendró,
que, en cláusulas lisonjeras, 695
cítaras de pluma son,
si el oído no ha de oírlas?
¿Para qué galas, si no
las ha de romper el tacto
con generosa ambición? 700
¿Para qué las dulces frutas,
si no sirve su sazón
de dar al gusto manjares
de un sabor y otro sabor?
¿Para qué hizo Dios, en fin, 705
montes, valles, cielo, sol,
si no han de verlo los ojos?

---

o actuado la Ley de Gracia —«vulgo desta fiesta soy»— quisiera
vitorear, al acabar el recitado de ésta. Era, en efecto, costumbre
que el público saludase con vítores al actor que había recitado
bien la loa. Dice Pablos, en el *Buscón* de Quevedo: «Eché la
primera loa en el ·lugar... Hubo un vítor de rezado, y al fin
parecí bien en el tablado» (cap. XXII).

[57] *felice*, por 'feliz', es una licencia poética.

Ya parece, y con razón,
ingratitud no gozar
las maravillas de Dios.　　　　　　　　710
DISCR. Gozarlas para admirarlas
es justa y lícita acción
y darle gracias por ellas,
gozar las bellezas, no
para usar dellas tan mal　　　　　　　715
que te persuadas que son
para verlas las criaturas,
sin memoria del Criador.
Yo no he de salir de casa;
ya escogí esta religión　　　　　　　　720
para sepultar mi vida;
por eso soy Discreción.
HERM. Yo, para esto, Hermosura:
a ver y ser vista voy. *(Apártanse.)*
MUNDO Poco tiempo se avinieron　　　　　　725
Hermosura y Discreción.
HERM. Ponga redes su cabello,
y ponga lazos mi amor
al más tibio afecto, al más
retirado corazón.　　　　　　　　　730
MUNDO Una acierta, y otra yerra
su papel, de aquestas dos.
DISCR. ¿Que haré yo para emplear
bien mi ingenio?
HERM. 　　　　　　　　　　　¿Que haré yo
para lograr mi hermosura?　　　　　　735
LEY *(Canta.) Obrar bien, que Dios es Dios.*
MUNDO Con oírse el apunto[58]
la Hermosura no le oyó.

Sale el RICO

RICO Pues pródigamente el cielo

---

[58] *apunto* es también lo que el libreto dice, lo que el apuntador
hace llegar al actor con su voz.

hacienda y poder me dio,   740
pródigamente se gaste
en lo que delicias son.
Nada me parezca bien
que no lo apetezca yo;
registre mi mesa cuanto   745
o corre o vuela veloz.
Sea mi lecho la esfera
de Venus, y en conclusión
la pereza y las delicias,
gula, envidia y ambición   750
hoy mis sentidos posean.

Sale el LABRADOR

LABRAD. ¿Quién vio trabajo mayor
que el mío? Yo rompo el pecho
a quien el suyo me dio[59]
porque el alimento mío   755
en esto se me libró.
Del arado que la cruza
la cara, ministro soy,
pagándola el beneficio
en aquestos que la[60] doy.   760
Hoz y azada son mis armas;
con ellas riñendo estoy:
con las cepas, con la azada;
con las mieses, con la hoz.
En el mes de Abril y Mayo   765
tengo hidrópica pasión,
y si me quitan el agua
entonces estoy peor.

---

[59] Es decir, a la tierra.

[60] *la*, como en el verso anterior *pagándola* son usos laístas; gramaticalmente, sería preferible *le*, en ambos casos. Siendo *beneficio* 'el bien que uno hace a otro', se entiende que el labrador habla irónicamente al decir que son beneficios «romper el pecho de la tierra» y «cruzarle la cara».

En cargando algún tributo,
de aqueste siglo pensión,   770
encara la puntería
contra el triste labrador.
Mas, pues trabajo y lo sudo,
los frutos de mi labor
me ha de pagar quien los compre   775
al precio que quiera yo.
No quiero guardar la tasa
ni seguir más la opinión
de quien, porque ha de comprar,
culpa a quien no la guardó.   780
Y yo sé que si no llueve
este Abril, que ruego a Dios
que no llueva, ha de valer
muchos ducados mi troj[61].
Con esto un Nabal-Carmelo[62]   785
seré de aquesta región
y me habrán menester todos;
pero muy hinchado yo,
entonces, ¿qué podré hacer?

LEY   *(Canta.) Obrar bien, que Dios es Dios.*   790
DISCR.   ¿Cómo el apunto no oíste?
LABRAD.   Como sordo a tiempo soy...
MUNDO   Él al fin se está en sus treces.
LABRAD.   Y aun en mis catorce estoy.

Sale el POBRE

POBRE   De cuantos el mundo viven,   795
    ¿quién mayor miseria vio
    que la mía? Aqueste suelo

---

[61] *troj*, por 'troje' o granero.
[62] *Nabal* era un hombre rico que poseía su hacienda en el monte Carmelo (Libro I de Samuel, cap. XXI). Su viuda, Abigail, fue mujer de David, y es prefiguración de la Virgen, pues pronuncia las palabras: «he aquí tu sierva» (Samuel, I, XX, 41).

es el más dulce y mejor
lecho mío, que, aunque es
todo el cielo pabellón   800
suyo, descubierto está
a la escarcha y al calor;
la hambre y la sed me afligen.
¡Dadme paciencia, mi Dios!

RICO   ¿Qué haré yo para ostentar   805
mi riqueza?

POBRE   ¿Qué haré yo
para sufrir mis desdichas?

LEY   *(Canta.) Obrar bien, que Dios es Dios.*

POBRE   ¡Oh, cómo esta voz consuela!

RICO   ¡Oh, cómo cansa esta voz!   810

DISCR.   El Rey sale a estos jardines.

POBRE   ¡Cuánto siente esta ambición
postrarse a nadie!

HERM.   Delante
de él he de ponerme yo
para ver si mi hermosura   815
pudo rendirlo a mi amor.

LABRAD.   Yo detrás; no se le antoje,
viendo que soy labrador,
darme con un nuevo arbitrio,
pues no espero otro favor.   820

Sale el REY

REY   A mi dilatado imperio
estrechos límites son
cuantas contiene provincias
esta máquina inferior.
De cuanto circunda el mar   825
y de cuanto alumbra el sol
soy el absoluto dueño.
soy el supremo señor.
Los vasallos de mi imperio

se postran por donde voy.   830
¿Qué he menester yo en el mundo?

LEY   *(Canta.) Obrar bien, que Dios es Dios.*

MUNDO A cada uno va diciendo
el apunto lo mejor.

POBRE Desde la miseria mía   835
mirando infeliz estoy,
ajenas felicidades.
El rey, supremo señor,
goza de la majestad
sin acordarse que yo   840
necesito de él; la dama
atenta a su presunción
no sabe si hay en el mundo
necesidad y dolor;
la religiosa, que siempre   845
se ha ocupado en oración,
si bien a Dios sirve, sirve
con comodidad a Dios.
El labrador, si cansado
viene del campo, ya halló   850
honesta mesa su hambre,
si opulenta mesa no;
al rico le sobra todo;
y sólo, en el mundo, yo
hoy de todos necesito,   855
y así llego a todos hoy,
porque ellos viven sin mí
pero yo sin ellos no.
A la Hermosura me atrevo
a pedir. Dadme, por Dios,   860
limosna.

HERM.   Decidme, fuentes,
pues que mis espejos sois,
¿qué galas me están más bien?,
¿qué rizos me están mejor?

POBRE ¿No me veis?

MUNDO   Necio, no miras   865

	que es vana tu pretensión?	
	¿Por qué ha de cuidar de ti	
	quien de sí se descuidó?	
POBRE	Pues, que tanta hacienda os sobra,	
	dadme una limosna vos.	870
RICO	¿No hay puertas dónde llamar?	
	¿Así os entráis donde estoy?	
	En el umbral del zaguán	
	pudiérais llamar, y no	
	haber llegado hasta aquí.	875
POBRE	No me tratéis con rigor.	
RICO	Pobre importuno, idos luego.	
POBRE	Quien tanto desperdició	
	por su gusto, ¿no dará	
	alguna limosna?	
RICO	No.	880
MUNDO	El avariento y el pobre	
	de la parábola, son[63].	
POBRE	Pues a mi necesidad	
	le falta ley y razón,	
	atreveréme al rey mismo.	885
	Dadme limosna, Señor.	
REY	Para eso tengo ya	
	mi limosnero mayor.	
MUNDO	Con sus ministros el Rey	
	su conciencia aseguró.	890
POBRE	Labrador, pues recibís	
	de la bendición de Dios	
	por un grano que sembráis	
	tanta multiplicación,	
	mi necesidad os pide	895
	limosna.	
LABRAD.	Si me la dio	
	Dios, buen arar y sembrar	
	y buen sudor me costó.	

---

[63] Alude a la parábola del *Evangelio* de San Lucas (XVI, versículo 19 y siguientes).

Decid: ¿no tenéis vergüenza
que un hombrazo como vos   900
pida? ¡Servid, noramala!
No os andéis hecho un bribón.
Y si os falta que comer,
tomad aqueste azadón
conque lo podéis ganar.   905

POBRE En la comedia de hoy
yo el papel de pobre hago;
no hago el de labrador.

LABRAD. Pues, amigo, en su papel
no le ha mandado el Autor   910
pedir no más y holgar siempre,
que el trabajo y el sudor
es propio papel del pobre.

POBRE Sea por amor de Dios.
Riguroso, hermano, estáis.   915

LABRAD. Y muy pedigüeño vos.

POBRE Dadme vos algún consuelo.

DISCR. Tomad, y dadme perdón. *(Dale un pan.)*

POBRE Limosna de pan, señora,
era fuerza hallarla en vos,   920
porque el pan que nos sustenta
ha de dar la Religión [64].

DISCR. ¡Ay de mí!

REY   ¿Qué es esto?

POBRE   Es
alguna tribulación
que la Religión padece.   925
(Va a caer la RELIGIÓN, *y le da el* REY
la mano.)

REY Llegaré a tenerla yo [65].

DISCR. Es fuerza; que nadie puede
sostenerla como vos.

---

[64] Se refiere a la Sagrada Forma.
[65] El Rey sostiene a la Religión, como es propio de la monarquía católica.

AUTOR Yo, bien pudiera enmendar
los yerros que viendo estoy;   930
pero por eso les di
albedrío superior
a las pasiones humanas,
por no quitarles la acción
de merecer con sus obras;   935
y así dejo a todos hoy
hacer libres sus papeles
y en aquella confusión
donde obran todos juntos
miro en cada uno yo,   940
diciéndoles por mi ley:
LEY *(Canta.) Obrar bien, que Dios es Dios*[66].
(Recita.) A cada uno por sí
y a todos juntos, mi voz
ha advertido; ya con esto   945
su culpa será su error.
(Canta.) Ama al otro como a ti
y obrar bien, que Dios es Dios.
REY Supuesto que es esta vida
una representación,   950
y que vamos un camino
todos juntos, haga hoy
del camino la llaneza,
común la conversación.
HERM. No hubiera mundo a no haber   955
esa comunicación.
RICO Diga un cuento cada uno.
DISCR. Será prolijo; mejor
será que cada uno diga
qué está en su imaginación.   960
REY   Viendo estoy mis imperios dilatados,
mi majestad, mi gloria, mi grandeza,
en cuya variedad naturaleza

---

[66] Se afirma aquí el libre albedrío.

perfeccionó de espacio[67] sus cuidados.

    Alcázares poseo levantados,   965
mi vasalla ha nacido la belleza.
La humildad de unos, de otros la riqueza,
triunfo son al arbitrio de los hados.

    Para regir tan desigual, tan fuerte
monstruo de muchos cuellos, me con-   970
los cielos atenciones más felices. [cedan

    Ciencia me den con que regir acierte,
que es imposible que domarse puedan
con un yugo no más tantas cervices.

MUNDO   Ciencia para gobernar   975
pide, como Salomón[68].

(Canta una voz triste, dentro, a la parte
que está la puerta del ataúd.)

VOZ Rey de este caduco imperio,
cese, cese, tu ambición,
que en el teatro del mundo
ya tu papel se acabó.   980

REY Que ya acabó mi papel
me dice una triste voz,
que me ha dejado al oírla
sin discurso ni razón.

Pues se acabó el papel, quiero   985
entrarme[69], mas ¿dónde voy?
Porque a la primera puerta,
donde mi cuna se vió,
no puedo, ¡ay de mí!, no puedo
retroceder. ¡Qué rigor!   990
¡No poder hacia la cuna
dar un paso!... ¡Todos son
hacia el sepulcro!... ¡Que el río
que, brazo de mar, huyó,

---

67 *de espacio*, 'despacio', con meticulosidad.

68 Alude a otro pasaje bíblico, del *Libro de los Reyes*. (I, cap. III,
5-10.) Y más directamente en II, *Paralipómenos*, I, 8.

69 *entrarme*, por 'entrar', como antes *irse* por '*ir*', son formas
de la época.

vuelva a ser mar; que la fuente   995
que salió del río (¡qué horror),
vuelva a ser río; el arroyo
que de la fuente corrió
vuelva a ser fuente; y el hombre,
que de su centro salió,   1000
vuelva a su centro, a no ser
lo que fue!... ¡Qué confusión!
Si ya acabó mi papel,
supremo y divino Autor,
dad a mis yerros disculpa,   1005
pues arrepentido estoy.
(Vase por la puerta del ataúd, y todos
se han de ir por ella.)

MUNDO Pidiendo perdón el Rey,
bien su papel acabó.

HERM. De en medio de sus vasallos,
de su pompa y de su honor,   1010
faltó el rey.

LABRAD.   No falte en mayo
el agua al campo en sazón,
que con buen paño y sin rey
lo pasaremos mejor.

DISCR. Con todo, es gran sentimiento.   1015

HERM. Y notable confusión.
¿Qué haremos sin él?

RICO   Volver
a nuestra conversación.
Dinos, tú, lo que imaginas.

HERM. Aquesto imagino yo.   1020

MUNDO ¡Qué presto se consolaron
los vivos de quien murió!

LABRAD. Y más cuando el tal difunto
mucha hacienda les dejó.

HERM.   Viendo estoy mi beldad hermosa y 1025
                                    [pura
ni al rey envidio, ni sus triunfos quiero,
pues más ilustre imperio considero

72

que es el que mi belleza me asegura.

    Porque si el rey avasallar procura
las vidas, yo, las almas; luego infiero   1030
con causa que mi imperio es el primero,
pues que reina en las almas la hermosura.

    «Pequeño mundo»[70] la filosofía
llamó al hombre; si en él mi imperio
                      [fundo,
como el cielo lo tiene, como el suelo,   1035
bien pueda presumir la deidad mía
que el que al hombre llamó «pequeño
                      [mundo».
llamara a la mujer «pequeño cielo».

MUNDO   No se acuerda de Ezequiel
cuando dijo que trocó   1040
la Soberbia, a la Hermosura,
en fealdad, la perfección.

VOZ *(Canta.) Toda la hermosura humana
es una temprana flor,
marchítese, pues la noche*   1045
ya de su aurora llegó.

HERM. Que fallezca la hermosura
dice una triste canción.
No fallezca, no fallezca.
Vuelva a su primer albor.   1050
Mas, ¡ay de mí!, que no hay rosa,
de blanco o rojo color,
que a las lisonjas del día,
que a los halagos del sol,
saque a deshojar sus hojas,   1055
que no caduque; pues no
vuelve ninguna a cubrirse
dentro del verde botón.
Mas, ¿qué importa que las flores,

---

[70] La idea del hombre como «pequeño mundo» o *microcosmo* es común en la filosofía griega y se extendió mucho en el Renacimiento.

del alba breve candor,   1060
marchiten del sol dorado
halagos de su arrebol?
¿Acaso tiene conmigo
alguna comparación,
flor, en que ser y no ser   1065
términos continuos son?
No, que yo soy flor hermosa
de tan grande duración,
que si vio el sol mi principio
no verá mi fin el sol.   1070
Si eterna soy, ¿como puedo
fallecer? ¿Qué dices, voz?

VOZ *(Canta.) Que en el alma eres eterna,*
y en el cuerpo mortal flor.

HERM. Ya no hay réplica que hacer   1075
contra aquesta distinción.
De aquella cuna salí
y hacia este sepulcro voy.
Mucho me pesa no haber
hecho mi papel mejor. *(Vase.)*   1080

MUNDO Bien acabó el papel, pues
arrepentida acabó.

RICO De entre las galas y adornos
y lozanías, faltó
la hermosura.

LABRAD.   No nos falte   1085
pan, vino, carne y lechón
por Pascua, que a la Hermosura
no la echaré menos[71] yo.

DISCR. Con todo, es grande tristeza.

POBRE Y aun notable compasión.   1090
¿Qué habemos de hacer?

RICO   Volver
a nuestra conversación.

LABRAD. Cuando el ansioso cuidado

---

71 *echaré menos* es hoy 'echaré de menos'.

<pre>
        con que acudo a mi labor
        miro sin miedo al calor   1095
        y al frío desazonado,
        y advierto lo descuidado
        del alma, tan tibia ya,
        la culpo, pues dando está
        gracias de cosecha nueva   1100
        al campo porque la lleva
        y no a Dios que se la da.
MUNDO   Cerca está de agradecido
        quien se conoce deudor.
POBRE   A este labrador me inclino   1105
        aunque antes me reprehendió.
  VOZ   (Canta.) Labrador, a tu trabajo
        término fatal llegó;
        ya lo serás de otra tierra;
        dónde será, sabe Dios...⁷¹ ᵇⁱˢ   1110
LABRAD. Voz, si de la tal sentencia
        admites apelación,
        admíteme, que yo apelo
        a tribunal superior.
        No muera yo en este tiempo,   1115
        aguarda sazón mejor,
        siquiera porque mi hacienda
        la deje puesta en sazón;
        y porque, como ya dije,
        soy maldito labrador,   1120
        como lo dicen mis viñas
        cardo a cardo y flor a flor,
        pues tan alta está la yerba
        que duda el que la miró
        un poco apartado dellas   1125
        si mieses o viñas son.
        Cuando panes del lindero
        son gigante admiración,
</pre>

---

⁷¹ ᵇⁱˢ Valbuena pone «sabe Dios» entre admiraciones, lo que significaría «¡cualquiera lo sabe!» Pero en Pando no las hay, pues el sentido es que «Dios lo sabe».

casi enanos son los míos,
pues no salen del terrón.   1130
Dirá quien aquesto oyere
que antes es buena ocasión
estando el campo sin fruto
morirme, y respondo yo:
—Si dejando muchos frutos   1135
al que hereda, no cumplió
testamento de sus padres,
¿qué hará sin frutos, Señor?—
Mas, pues no es tiempo de gracias
pues allí dijo una voz   1140
que me muero, y el sepulcro
la boca, a tragarme, abrió,
si mi papel no he cumplido
conforme a mi obligación,
pésame que no me pese   1145
de no tener gran dolor. *(Vase.)*

MUNDO Al principio le juzgué
grosero, y él me advirtió
con su fin de mi ignorancia.
¡Bien acabó el labrador!   1150

RICO   De azadones y de arados,
polvo, cansancio y sudor
ya el Labrador ha faltado.

POBRE Y afligidos nos dejó.

DISCR. ¡Qué pena!

POBRE   ¡Qué desconsuelo!   1155

DISCR. ¡Qué llanto!

POBRE   ¡Qué confusión!

DISCR. ¿Qué habemos de hacer?

RICO   Volver,
a nuestra conversación;
y, por hacer lo que todos,
digo lo que siento yo.   1160
¿A quién mirar no le asombra
ser esta vida una flor
que nazca con el albor

y fallezca con la sombra?
Pues si tan breve se nombra,   1165
de nuestra vida gocemos
el rato que la tenemos:
dios a nuestro vientre hagamos.
¡Comamos, hoy, y bebamos,
que mañana   moriremos!   1170

MUNDO   De la Gentilidad es
aquella preposición,
así lo dijo Isaías.

DISCR.   ¿Quién se sigue ahora?

POBRE   Yo.
Perezca, Señor, el día   1175
en que a este mundo nací[72].
Perezca la noche fría
en que concebido fui
para tanta pena mía.

No la alumbre la luz pura   1180
del sol entre oscuras nieblas:
todo sea sombra oscura,
nunca venciendo la dura
opresión de las tinieblas.

Eterna la noche sea   1185
ocupando pavorosa
su estancia, y porque no vea
el cielo, caliginosa
oscuridad la posea.

De tantas vivas centellas   1190
luces sea su arrebol,
. . . . [72 bis]

día sin aurora y sol,
noche sin luna y estrellas.

No porque así me he quejado
es, Señor, que desespero   1195

---

[72] Glosa el lamento de Job. (Ver: *Libro de Job*, III, versículo 3
y siguientes.) Antes alude a Isaías (cap. XXII, 13).

[72 bis] Falta, sin duda, un verso para completar la quintilla.

por mirarme en tal estado,
sino porque considero
que fui nacido en pecado,

MUNDO   Bien ha engañado las señas
de la desesperación   1200
que así, maldiciendo el día,
maldijo el pecado Job.

VOZ   *(Canta.) Número tiene la dicha,*
número tiene el dolor;
de ese dolor y esa dicha,   1205
venid a cuentas los dos.

RICO   ¡Ay de mí!

POBRE   ¡Qué alegre nueva!

RICO   ¿Desta voz que nos llamó
tú no te estremeces?

POBRE   Sí.

RICO   ¿No procurarás huir?

POBRE   No;   1210
que el estremecerse es
una natural pasión
del ánimo, a quien como hombre
temiera Dios, con ser Dios.
Mas si el huir será en vano,   1215
porque si della no huyó
a su sagrado el poder,
la hermosura a su blasón,
¿dónde podrá la pobreza?
Antes mil gracias le doy   1220
pues con esto acabará
con mi vida mi dolor.

RICO   ¿Cómo no sientes dejar
el teatro?

POBRE   Como no
dejo en él ninguna dicha,   1225
voluntariamente voy.

RICO   Yo ahorcado, porque dejo
en la hacienda el corazón.

POBRE   ¡Qué alegría!

RICO	¡Qué tristeza!
POBRE	¡Qué consuelo!
RICO	¡Qué aflicción! 1230
POBRE	¡Qué dicha!
RICO	¡Qué sentimiento!
POBRE	¡Qué ventura!
RICO	¡Qué rigor! *(Vanse los dos.)*
MUNDO	¡Qué encontrados al morir
	el rico y el pobre son!
DISCR.	En efecto, en el teatro 1235
	sola me he quedado yo.
MUNDO	Siempre, lo que permanece
	más en mí, es la religión.
DISCR.	Aunque ella acabar no puede,
	yo sí, porque yo no soy 1240
	la Religión, sino un miembro
	que aqueste estado eligió.
	Y antes que la voz me llame
	yo me anticipo a la voz
	del sepulcro, pues ya en vida 1245
	me sepulté, con que doy,
	por hoy, fin a la comedia,
	que mañana hará el Autor.
	Enmendaos para mañana
	los que veis los yerros de hoy. 1250
	(Ciérrase el globo de la tierra.)
AUTOR	Castigo y premio ofrecí
	a quien mejor o peor
	representase, y verán
	qué castigo y premio doy.
	(Ciérrase el globo celeste, y, en él,
	el AUTOR.)
MUNDO	¡Corta fue la comedia! Pero 1255
	[¿cuándo
	no lo fue la comedia desta vida,
	y más para el que está considerando
	que toda es una entrada, una salida?
	Ya todos el teatro van dejando,

a su primer materia reducida   1260
la forma que tuvieron y gozaron;
polvo salgan de mí, pues polvo entraron.

 Cobrar quiero de todos, con cuidado,
las joyas que les di con que adornasen
la representación en el tablado,   1265
pues sólo fue mientras representasen.
Pondréme en esta puerta, y, avisado,
haré que mis umbrales no traspasen
sin que dejen las galas que tomaron:
polvo salgan de mí, pues polvo en- 1270
     [traron.

Sale el REY

MUNDO Di, ¿qué papel hiciste, tú, que ahora
    el primero a mis manos has venido?
REY Pues, ¿el Mundo quién fui tan presto ig-
MUNDO El Mundo lo que fue pone en olvido. [nora?
REY Aquél fui que mandaba cuanto dora 1275
    el sol, de luz y resplandor vestido,
    desde que en brazos de la aurora nace
    hasta que en brazos de la sombra yace.

    Mandé, juzgué, regí muchos estados;
    hallé, heredé, adquirí grandes memo- 1280
    vi, tuve, concebí cuerdos cuidados; [rias;
    poseí, gocé, alcancé varias victorias.
    Formé, aumenté, valí varios privados;
    hice, escribí, dejé varias historias;
    vestí, imprimí, ceñí, en ricos doseles, 1285
    las púrpuras, los cetros y laureles.
MUNDO Pues deja, suelta, quita la corona;
    la majestad, desnuda, pierde, olvida,
    (quítaselo)
    vuélvase, torne, salga tu persona
    desnuda de la farsa de la vida.   1290
    La púrpura, de quien tu voz blasona,
    presto de otro se verá vestida,
    porque no has de sacar de mis crueles

                    manos, púrpuras, cetros, ni laureles.
REY   ¿Tú, no me diste adornos tan ama-   1295
                                        [dos?
            ¿Cómo me quitas lo que ya me diste?
MUNDO   Porque dados no fueron, no: prestados
            sí, para el tiempo que el papel hiciste.
            Déjame para otros los estados,
            la majestad y pompa que tuviste.   1300
REY   ¿Cómo de rico fama solicitas
            si no tienes qué dar si no lo quitas?
                ¿Qué tengo de sacar en mi provecho
            de haber, al mundo, al rey representado?
MUNDO   Esto, el Autor, si bien o mal lo has   1305
                                        [hecho,
            premio o castigo te tendrá guardado;
            no, no me toca a mí, según sospecho,
            conocer tu descuido o tu cuidado:
            cobrar me toca el traje que sacaste,
            porque me has de dejar como me ha-   1310
                                        [llaste

                    Sale la HERMOSURA

MUNDO   ¿Qué has hecho tú?
HERM.   La gala y hermosura.
MUNDO   ¿Qué te entregué?
HERM.   Perfecta una belleza.
MUNDO   Pues, ¿dónde está?
HERM.   Quedó en la sepultura.
MUNDO   Pasmóse, aquí, la gran naturaleza
            viendo cuán poco la hermosura dura,   1315
            que aún no viene a parar adonde empieza,
            pues al querer cobrarla yo, no puedo;
            ni la llevas, ni yo con ella quedo.
                El Rey, la majestad en mí ha dejado;
            en mí ha dejado el lustre, la grandeza.   1320
            La belleza no puedo haber cobrado,
            que espira con el dueño la belleza.

6

Mírate a ese cristal[73].

HERM.   Ya me he mirado.
MUNDO ¿Dónde está la beldad, la gentileza
    que te presté? Volvérmela procura.   1325
HERM. Toda la consumió la sepultura.
    Allí dejé matices y colores;
    allí perdí jazmines y corales;
    allí desvanecí rosas y flores;
    allí quebré marfiles y cristales.   1330
    Allí turbé afecciones y primores;
    allí borré designios y señales;
    allí eclipsé esplendores y reflejos;
    allí aun no toparás sombras y lejos.

Sale el LABRADOR

MUNDO Tú, villano, ¿qué hiciste?
LABRAD.   Si villano   1335
    era fuerza que hiciese, no te asombre:
    un labrador, que ya tu estilo vano
    a quien labra la tierra da ese nombre.
    Soy a quien trata siempre el cortesano
    con vil desprecio y bárbaro renombre;   1340
    y soy, aunque de serlo más me aflijo,
    por quien el *él*, el *vos* y el *tú* se dijo[74].
MUNDO Deja lo que te di.
LABRAD.   Tú, ¿qué me has dado?
MUNDO Un azadón te di.
LABRAD.   ¡Qué linda alhaja!
MUNDO Buena o mala, con ella habrás pagado.   1345
LABRAD. ¿A quién el corazón no se le raja
    viendo que deste mundo desdichado
    de cuanto la codicia vil trabaja

---

[73] *cristal* significa 'espejo'.

[74] Calderón se refiere aquí a los tratamientos de la época. *El* se usaba, a veces, con un sentido de menosprecio; *tú* y *vos* se usaban como tratamiento de los superiores a los inferiores.

un azadón de la salud castigo,
aun no le han de dejar llevar consigo?   1350

Salen el RICO *y el* POBRE

MUNDO ¿Quién va allá?
RICO   Quien de ti nunca quisiera
salir.
POBRE   Y quien de ti siempre ha deseado
salir.
MUNDO   ¿Cómo los dos de esa manera
dejarme y no dejarme habéis llorado?
RICO Porque yo rico y poderoso era.   1355
POBRE Y yo porque era pobre y desdichado.
MUNDO Suelta estas joyas. *(Quítaselas.)*
POBRE   Mira qué bien fundo
no tener que sentir dejar el mundo.

Sale el NIÑO

MUNDO   Tú que al teatro a recitar entraste,
¿cómo, di, en la comedia no saliste?   1360
NIÑO La vida en un sepulcro me quitaste.
Allí te dejo lo que tú me diste.

Sale la DISCRECIÓN

MUNDO   Cuando a las puertas del vivir llamaste
tú, para adorno tuyo, ¿qué pediste?
DISCR. Pedí una religión y una obediencia,   1365
cilicios, disciplinas y abstinencia.
MUNDO   Pues déjalo en mis manos; no me pue-
decir que nadie saca sus blasones.   [dan
DISCR. No quiero; que en el mundo no se que-
sacrificios, afectos y oraciones;   [dan 1370
conmigo he de llevarlos, porque excedan
a tus mismas pasiones tus pasiones;
MUNDO No te puedo quitar las buenas obras.
Estas solas del mundo se han sacado.   1375
REY ¡Quién más reinos no hubiera poseído!

HERM.   ¡Quién más beldad no hubiera deseado!
RICO   ¡Quién más riquezas nunca hubiera habido!
LABRAD. ¡Quién más, ay Dios, hubiera trabajado!
POBRE   ¡Quién más ansias hubiera padecido!   1380
MUNDO Ya es tarde; que en muriendo, no os asom-
   no puede ganar méritos el hombre.   [bre,
    Ya que he cobrado augustas majestades,
   ya que he borrado hermosas perfecciones,
   ya que he frustrado altivas vanidades,   1385
   ya que he igualado cetros y azadones:
   al teatro pasad de las verdades
   que éste el teatro es de las ficciones.
REY   ¿Cómo nos recibiste de otra suerte
   que nos despides?
MUNDO   La razón advierte: 1390
   cuando algún hombre hay algo que reciba,
   las manos pone, atento a su fortuna,
   en esta forma; cuando con esquiva
   acción lo arroja, así las vuelve. De una
   suerte: puesta la cuna boca arriba   1395
   recibe al hombre; y esta misma cuna,
   vuelta al revés, la tumba suya ha sido.
   Si cuna os recibí, tumba os despido.
POBRE   Pues que tan tirano el mundo
   de su centro nos arroja,   1400
   vamos a aquella gran cena
   que en premio de nuestras obras
   nos ha ofrecido el Autor.
REY   ¿Tú también, tanto baldonas
   mi poder, que vas delante?   1405
   ¿Tan presto de la memoria
   que fuiste vasallo mío,
   mísero mendigo, borras?
POBRE   Ya acabado tu papel,
   en el vestuario ahora   1410
   del sepulcro, iguales somos,
   lo que fuiste poco importa.
RICO   ¿Cómo te olvidas que a mí

ayer pedlste lrmosna?

POBRE ¿Cómo te olvidas que tú   1415
la me la diste?

HERM.   ¿Ya ignoras
la estimación que me debes
por más rica y más hermosa?

DISCR. En el vestuario ya
somos parecidas todas,   1420
que en una pobre mortaja
no hay distinción de personas.

RICO ¿Tú vas delante de mí,
villano?

LABRAD.   Deja las locas
ambiciones, que, ya muerto,   1425
del sol que fuiste eres sombra.

RICO No sé lo que me acobarda
el ver al Autor ahora.

POBRE Autor del cielo y la tierra,
y a tu compañía toda   1430
que hizo de la vida humana
aquella comedia corta,
a la gran cena, que tú
ofreciste, llega; corran
las cortinas de tu solio   1435
aquellas cándidas hojas.

Con música se descubre otra vez el globo celeste,
y en él una mesa con cáliz y hostia, y el AUTOR *sentado*
a ella; y sale el MUNDO

AUTOR Esta mesa, donde tengo
pan que los cielos adoran
y los infiernos veneran,
os espera; mas importa   1440
saber los que han de llegar
a cenar conmigo ahora,
porque de mi compañía
se han de ir los que no logran

<pre>
                sus papeles, por [faltarles]⁷⁵   1445
                entendimiento y memoria
                del bien que siempre les hice
                con tantas misericordias.
                Suban a cenar conmigo
                el pobre y la religiosa   1450
                que, aunque por haber salido
                del mundo este pan no coman,
                sustento será adorarle
                por ser objeto de gloria.
                (Suben los dos.)
   POBRE   ¡Dichoso yo! ¡Oh, quién pasara   1455
                más penas y más congojas,
                pues penas por Dios pasadas
                cuando son penas son glorias!
   DISCR. Yo que tantas penitencias
                hice, mil veces dichosa,   1460
                pues tan bien las he logrado.
                Aquí dichoso es quien llora
                confesando haber errado.
   REY   Yo, Señor, ¿entre mis pompas
                ya no te pedí perdón?   1465
                Pues ¿por qué no me perdonas?
   AUTOR   La hermosura y el poder,
                por aquella vanagloria
                que tuvieron, pues lloraron⁷⁶,
                subirán, pero no ahora,   1470
                con el labrador también,
                que aunque no te dio limosna,
                no fue por no querer darla,
                que su intención fue piadosa,
                y aquella reprehensión   1475
                fue en su modo misteriosa
                para que tú te ayudases.
</pre>

---

⁷⁵ La edición de Pando dice «salvarles», pero Valbuena lo sustituye, por falta de sentido.

⁷⁶ Entiéndase: «subirán, pues lloraron por aquella vanagloria que tuvieron».

LABRAD.	Esa fue mi intención sola,
	que quise mal vagabundos.
AUTOR	Por eso os lo premio ahora,

LABRAD. Esa fue mi intención sola,
que quise mal vagabundos.
AUTOR Por eso os lo premio ahora, 1480
y porque llorando culpas
pediste misericordia,
los tres en el Purgatorio
en su dilación penosa
estaréis.
DISCR.   Autor divino, 1485
en medio de mis congojas
el Rey me ofreció su mano
y yo he de dársela ahora.
(Da la mano al REY, *y sube.)*
AUTOR Yo le remito la pena
pues la religión le abona; 1490
pues vivió con esperanzas,
vuele el siglo, el tiempo corra.
LABRAD. Bulas de difuntos lluevan
sobre mis penas ahora,
tantas que por llegar antes 1495
se encuentren unas a otras;
pues son estas letras santas
del Pontífice de Roma
mandamientos de soltura
de esta cárcel tenebrosa. 1500
NIÑO Si yo no erré mi papel,
¿por qué no me galardonas,
gran Señor?
AUTOR   Porque muy poco,
le acertaste; y así ahora,
ni te premio ni castigo. 1505
Ciego, ni uno ni otro goza,
que en fin naces del pecado.
NIÑO Ahora, noche medrosa
como en un sueño me tiene
ciego sin pena ni gloria[77]. 1510

---

[77] Quiere decirse que el *Niño* queda en el Limbo.

RICO	Si el poder y la hermosura	
	por aquella vanagloria	
	que tuvieron, con haber	
	llorado, tanto te asombran,	
	y el labrador que a gemidos	1515
	enterneciera una roca	
	está temblando de ver	
	la presencia poderosa	
	de la vista del Autor,	
	¿cómo oso mirarla ahora?	1520
	Mas es preciso llegar,	
	pues no hay adonde me esconda	
	de su riguroso juicio.	
	¡Autor!	
AUTOR	¿Cómo así me nombras?	
	Que aunque soy tu Autor, es bien	1525
	que de decirlo te corras,	
	pues que ya en mi compañía	
	no has de estar. De ella te arroja	
	mi poder. Desciende adonde	
	te atormente tu ambiciosa	1530
	condición eternamente	
	entre penas y congojas.	
RICO	¡Ay de mí! Que envuelto en fuego	
	caigo arrastrando mi sombra	
	donde ya que no me vea	1535
	yo a mí mismo, duras rocas	
	sepultarán mis entrañas	
	en tenebrosas alcobas.	
DISCR.	Infinita gloria tengo.	
HERM.	Tenerla espero dichosa.	1540
LABRAD.	Hermosura, por deseos	
	no me llevarás la joya.	
RICO	No la espero eternamente.	
NIÑO	No tengo, para mí, gloria.	
AUTOR	Las cuatro postrimerías	1545
	son las que presentes notan	
	vuestros ojos, y porque	

destas cuatro se conozca
que se ha de acabar la una,
suba la Hermosura ahora   1550

con el Labrador, alegres,
a esta mesa misteriosa,
pues que ya por sus fatigas
merecen grados de gloria. *(Suben los dos.)*

HERM.   ¡Qué ventura!
LABRAD.   ¡Qué consuelo!   1555
RICO   ¡Qué desdicha!
REY   ¡Qué victoria!
RICO   ¡Qué sentimiento!
DISCR.   ¡Qué alivio!
POBRE ¡Qué dulzura!
RICO   ¡Qué ponzoña!
NIÑO   Gloria y pena hay, pero yo
no tengo pena ni gloria.   1560

AUTOR Pues el ángel en el cielo,
en el mundo las personas
y en el infierno el demonio
todos a este Pan se postran;
en el infierno, en el cielo   1565
y mundo a un tiempo se oigan
dulces voces que le alaben
acordadas y sonoras.
*(Tocan chirimías, cantando el «Tantum
ergo»* [78] *muchas veces.)*

MUNDO Y pues representaciones
es aquesta vida toda,   1570
merezca alcanzar perdón
de las unas y las otras [79].

---

[78] El *Tamtum ergo* es un himno compuesto por Santo Tomás
de Aquino para las fiestas del *Corpus.*

[79] Estas palabras finales son simplemente las que correspondían
entonces para pedir perdón al público por los yerros de la co-
media. Aquí el perdón es doble: para la comedia de la vida, que
se representa, y para el auto en que se representa.

El gran mercado
del mundo

Nota preliminar a
«El gran mercado del mundo»

Fecha

Este auto parece de la primera época de Calderón. Valbuena Prat le asigna la fecha aproximada de 1635. Valbuena Briones (*Calderón*, I. *Dramas*. Aguilar, 1966, pág. 537) señala que si *El alcalde de Zalamea* representado en 1636 es el de Calderón, hay un paralelismo entre lo que se dice en la comedia y en el auto, en el aspecto formal.

En efecto, en *El alcalde* son bien conocidos estos dos versos:

> DON LOPE Pues, Crespo, lo dicho, dicho.
> CRESPO Pues señor, lo hecho, hecho.

Y en el auto se encuentra esta forma paralela:

> MALICIA lo dicho, dicho, Inocencia.
> INOCENCIA Malicia, lo hecho, hecho.

Argumento y simbología del auto

La estructura de este auto supone una breve introducción y cinco momentos distintos:

En la *Introducción* la Fama, con acompañamiento musical, llama a la gente al Mercado del Mundo para que allí se compren o ferien lo que más les guste. Hay varias invocaciones líricas a la Fama del Buen Genio, la Malicia, el Mal Genio, el Padre de Familias y la Inocencia. Ésta hace el papel de gracioso, corriente en las comedias clásicas, y en su invocación introduce burlas críticas sobre el teatro, como hace Calderón también en otras obras.

Primer momento

Se plantea el tema del auto. El Padre de Familias es el Padre del Género Humano, y los hombres que componen éste presentan caracteres psíquicos y morales opuestos como el Buen Genio y el Mal Genio. Predomina el aspecto moral, por inclinación al bien o al mal. La Fama ha dicho que será feliz quien emplee su «talento» (moneda imaginaria que simboliza las facultades) bien o mal, pero hasta el fin no se sabrá el resultado. Los dos Genios van al Mercado para adquirir algo que complazca a Gracia (se trata de la Gracia Divina) a la que quieren conseguir por esposa. El Buen Genio pide sólo un *talento*, esperando conseguir a Gracia por esposa si lo emplea bien. Se opone el Mal Genio, por lo cual riñen. El Padre los amonesta y uno se muestra humilde y otro soberbio. Cuenta el Padre que la Gracia vino al Mundo con su esposo, indicando que se puede inferir quién fue este esposo: «discurrir / podéis quién pudo ser quien / a Gracia trajo tras sí». Pero le dieron muerte sin conocerlo. La alusión a Jesucristo es clara, pues como dice San Juan «el mundo no le conoció». El Padre de Familias añade que va a hacer una prueba: a cada uno de los Genios le dará un *talento* y según lo empleen alcanzarán a Gracia. Ésta les da una rosa a cada uno, significando que a todo hombre se le da, al venir al mundo, la gracia suficiente para merecer por sus obras (la gracia actual, esto es, estar en estado de gracia depende de lo que hagan). Parten los dos, llevando el Buen Genio a la Inocencia como criado y el Mal Genio a la Malicia. En este momento aparece la Culpa, alegando que antes de venir Gracia al mundo la adoración recaía sobre ella. (El hombre, en efecto, estaba en culpa desde el pecado original.) Pero no puede detenerlos y dice que hará lo posible porque no consigan a Gracia, disfrazándose para ello de varias maneras, pues la Culpa es proteica.

Segundo momento

La escena se desarrolla en una venta o mesón del camino. El ventero es aquí la Gula y su criada la Lascivia. Como ésta tiene mucho que hacer, contratan como criado a la Culpa, que aparece como mancebo «despejado y hermoso» si bien, como ella misma dice, perdió su hermosura en una «caída». Llegan a la posada el Buen Genio y el Mal Genio, pero el primero no se queda, al darse cuenta de que la Culpa quiere arrebatarle su Inocencia, es decir, su criado. Trata de disuadir al Mal Genio y a la Malicia de que se queden. Pero el Mal Genio se siente atraído por la Lascivia y para llegar a ella tiene que contar con el nuevo criado contratado, esto es, con la Culpa. En este momento advierte que ha perdido la rosa que le dio Gracia, es decir, que ha perdido la Gracia misma al pecar. Pero, teniéndole ya conquistado, a la Culpa no le interesa ya el Mal Genio. Se lo deja a la Lascivia y va en busca del Buen Genio.

Tercer momento

El Mundo abre el mercado para ver quién se instala en él. (Es sabido que el Mundo es un personaje frecuente en los autos calderonianos.) El Mundo muestra, como en otros autos, su vanidad. También como en otros autos, la Música actúa como guía o voz correctora: «¡Oh feliz el que emplea / bien sus talentos!» Van llegando los personajes que actúan de mercaderes, en parejas que son un ejemplo más de la antítesis barroca. Así, Soberbia y Humildad; Lascivia y Desengaño del mundo; Gula y Penitencia; Herejía y Fe. Y la misma oposición se da en sus mercancías: así, la Soberbia trae plumas y telas ricas; la Humildad, sayales; la Lascivia, flores; el Desengaño, un espejo en el que, al mirarse, se ve la vanidad de todo. La Culpa viene haciendo de mozo de ciego de la Gula, puesto que ésta hace aquí papel de Apetito y éste es ciego; lo que traen son estampas. La Penitencia trae saco y cilicios; la Herejía, los libros de Calvino y Lutero y la Fe, el pan y vino eucarísticos. La Música llama a todos también en contraposición, pues a unos dice: «que aquí los contentos / y gustos están»; y a otros dice: «que están las fatigas / y penas aquí».

Cuarto momento

Se escenifican las compras y ventas en el Mercado. Los dos Genios vienen con sus criados. El Mal Genio nos hace saber que se acuerda poco de Gracia, desde que vio a Lascivia. Los mercaderes presentan y alaban sus mercancías. La Inocencia aconseja al Buen Genio comprar galas, joyas, etc., para su futura esposa, pero éste dice que sólo adquirirá las miserias de la vida. La Culpa, bajo otro disfraz, hace de corredor de comercio en la tienda de la Soberbia para inducir al Buen Genio a comprar allí las joyas y telas ricas. Pero el Buen Genio no las compra porque el precio que le piden es «un pensamiento / de soberbia y vanidad». El Mal Genio claro es que lo acepta, pues con decir que sólo él merece ponerse tales galas, ya ha hecho el pensamiento de soberbia y vanidad. Por contraposición, el Buen Genio adquiere los «sayales groseros» de la Humildad, que paga con un acto de humildad. La Música glosa cada compra, sea buena o mala, con un «norabuena sea». Lo mismo ocurre en las restantes tiendas.

El Mal Genio no compra el espejo del desengaño porque su precio es «un acuerdo de la muerte», lo que el Buen Genio acepta. Del mismo modo, el Mal Genio compra las flores de la Lascivia al precio de una lisonja; el Buen Genio compra a la Penitencia sus cilicios y disciplinas a cambio de «una confesión vocal». En una escena incidental, la Culpa aparece ahora disfrazada de pobre; el Mal Genio no le da limosna pero el Buen Genio sí, lo que da motivo a que la Culpa diga que al menos le ha dado una parte de su talento. Contrarreplica el Buen Genio que propiamente no se lo ha dado a ella, sino al sentimiento de verla necesitada, ya que lo que cuenta es por qué se da y no a quién se da.

En las restantes tiendas el Mal Genio rechaza el Pan y el Vino de la Fe, porque dice que ya los tiene en el mesón de la Gula; en cambio, adquiere los libros de la Herejía; el Buen Genio hace, naturalmente, lo contrario y compra el «pan de los Ángeles». Con motivo de esta compra y de las respuestas que da la Fe, ésta y la Herejía se enzarzan en una disputa sobre la Eucaristía, que es un ejemplo más de las controversias silogísticas de los autos calderonianos. Algunos de los argumentos que aquí se dan aparecen también en la loa del auto *A Dios por razón de estado*.

Han empleado ya sus talentos los dos Genios y regresan; el Mal Genio por el llano para volver a pasar por el mesón de la Lascivia; el Buen Genio «por el desierto». La Malicia se burla de los «trastos» de que va cargada la Inocencia, que es lo que el Buen Genio ha comprado.

Así como al salir, la Culpa aparece y los detiene, así también ahora aparece en compañía de la Gula, disfrazadas ambas de gitanos que cantan y bailan un baile popular. La Gula viene ahora como Placer, y llegan tarde al Mercado porque el Placer «llega tarde y se va presto». Dicen que son «gitanos de los sentidos», porque pueden robar éstos con sus bebidas. El Placer (Gula) vende un caballo (el Pensamiento) y un esclavo (la Culpa). El Buen Genio quisiera comprar el caballo, pero ya no tiene dinero; la Gula se lo fía y le dice que le pague cuando pueda pues, como pensamiento, le puede salir bueno o malo. Quiere que lo monte a pelo, pero el Buen Genio dice que tiene que ponerle «rienda y freno de obediencia», para tenerlo sujeto. Aun comprándoles cosas, vence siempre «la inclinación del Buen Genio». El Mal Genio compra el esclavo, esto es, la Culpa, pues el Placer o Gula necesitan que él se lleve la Culpa. También se lo fían, pero no le fían la condición del esclavo. Se van los dos Genios y se cierra la escena con el mismo baile con el que se abrió.

Quinto momento

Es el momento del regreso y del premio o el castigo. La parte es breve. Vuelven a encontrarse en escena la Gracia y el Padre de Familias, que está preocupado tanto por la larga ausencia de sus hijos como por el empleo de los «talentos». Por fin llegan los viajeros, uno por las cumbres y otro por el llano. El Padre de Familias sabe de antemano que los dos corren a ciegas: «uno en sus deleites» y otro «en su pensamiento». Pero el Buen Genio, que monta el caballo del Pensamiento, lo ha domado, ayudado por la Fe y las Virtudes. Se acercan a besar la mano al Padre, pero éste quiere saber antes cómo han empleado los «talentos». Cada uno muestra lo que ha comprado y la sentencia es la esperada: el Buen Genio es el elegido, el heredero; el Mal Genio es el réprobo.

Se les compara, respectivamente, a Abel y Jacob (el Buen Genio) y a Caín y Esaú (el Mal Genio). Éste es precipitado al infierno en compañía de la Culpa (esto es, de *su* culpa). En el escenario se abría un escotillón por el que se veía fuego y por allí se hundían el Mal Genio y la Culpa, mientras que el Padre de Familias se sentaba en un trono celeste en compañía de las Virtudes, ascendiendo a su altura el Buen Genio, esto es, ingresando en la vida bienaventurada. Este auto no tiene propiamente apoteosis eucarística, es decir, la aparición de cáliz y hostia, como en muchos otros autos, sino que alude a ello primero la Gracia y, luego, el Padre de Familias, al decir en los cuatro últimos versos:

> *En cuyos ejemplos fundo*
> *la Gloria del Sacramento,*
> *de los Genios el Talento*
> *y el Gran Mercado del Mundo.*

Fuentes

Creo que más que fuentes precisas puede señalarse el tema moral, según la moral cristiana de las Sagradas Escrituras, y en general las «moralidades medievales». Valbuena Prat, en su edición de los autos (en Aguilar, 1952, pág. 223), lo relaciona especialmente con la moralidad francesa *Bien advisé, mal advisé,* y con una obra de Rodrigo Fernández de Rivera titulada *Mesón del Mundo,* publicada en Madrid en 1632 con censura de Lope de Vega. Si es de esta fecha, puede considerarse como coetánea o muy poco anterior al auto, si se acepta la fecha del mismo Valbuena, de modo que resulta difícil decidir si las escenas del auto influyeron o no en la obra de Rivera. También lo relaciona con la *Crisi XIII* de *El criticón* de Baltasar Gracián, que lleva como epígrafe «La feria de todo el mundo».

Todos los autores están conformes en que se trata de un auto de tema moral, a lo que Valbuena añade el carácter «realista» de algunas escenas, dentro de lo que puede caber de realismo en una obra simbólica. Alexander A. Parker, en su edición del auto *No hay más fortuna que Dios* (Manchéster University Press, 1949), en una nota que pone al apartado II de su introducción, «El tema y su tratamiento» (pág. xiv, nota 2), completando la afirmación del texto de que el auto por él editado forma parte de «el grupo de autos que dramatizan un tema moral y no un tema dogmático», añade: «Los otros son: *El pleito matrimonial, Los encantos de la Culpa, El gran teatro del mundo, El gran mercado del mundo, El año santo de Roma, El año santo en Madrid* y *Lo que va del hombre a Dios. La cena de Baltasar* pertenece realmente a esta clase, aunque su alegoría le asocia al grupo bíblico de autos historiales.» Aunque algunos de estos autos pueden incluirse también en otros grupos —así, los referentes al Año Santo entre los de temas contemporáneos y *Los encantos de la Culpa* en los de temas mitológicos—, lo seguro es que *El gran mercado del mundo* no es incluible en otro grupo que en los de tema moral.

Por ser de la primera época, no tiene el auto una excesiva complicación teológica o filosófica como *La vida es sueño, El divino Orfeo* o *A tu prójimo como a ti*, ni se alcanzan alturas poéticas como las de otros autos, pero la estructura unitaria, a pesar de los diversos episodios y el enlace de la cuestión planteada al comienzo con el resultado final, muestran ya la maestría de Calderón en la estructura de la obra y en el manejo de los «conceptos representables».

El gran mercado del mundo

PERSONAJES

EL BUEN GENIO	LA FE
EL MAL GENIO	LA HEREJÍA
LA MALICIA	LA SOBERBIA
LA INOCENCIA	LA HUMILDAD
LA GRACIA	EL PADRE DE FAMILIAS
LA CULPA	LA PENITENCIA
LA FAMA	EL DESENGAÑO
LA GULA	LA HERMOSURA
EL MUNDO	LA LASCIVIA
EL SUSTO	LA MÚSICA

Sale la FAMA, *cantando por lo alto del tablado en una apariencia que pasa de un lado a otro*

FAMA ¡Oíd, mortales, oíd,
    y al pregón de la Fama
    todos acudid!
MÚSICA *(Dentro.)*
    Y al pregón de la Fama
    todos acudid.   5

Sale el BUEN GENIO, *con admiración*

BUEN GENIO Pájaro que al firmamento
    lleno de lenguas y plumas,

subes con tal movimiento,
que antes que volar presumas,
te dejas atrás el viento.　　　　　　　10

Sale la MALICIA

MALICIA　Ave que llena de galas
rompes altiva y veloz,
del sol las etéreas salas[1],
y parándole a tu voz,
le oscureces con tus alas.　　　　　　15

Sale el MAL GENIO

MAL GENIO　Prodigio de asombro tanto,
que al cielo el penacho encumbra,
cuyo bellísimo encanto
con la vista nos deslumbra,
nos suspende con el canto.　　　　　20
GRACIA　Monstruo, que con las supremas
regiones las plumas bates,
y sin que aire y fuego temas,
las hielas si las abates,
y si las alzas, las quemas.　　　　　25

Sale el PADRE DE FAMILIAS

PADRE　Vivo bajel, que desmayos
das al aire, a quien te entregas,
y abriles sembrando y mayos,
golfos de átomos navegas,
piélagos surcas de rayos.　　　　　30

---

[1]　*salas:* En Pando dice *alas*, pero es evidente errata pues vuelve
a decir *alas*, en rima, cuando se refiere a las aves.

INOCENCIA	Pajarote, que con lazos	
	de cera y cáñamo apoya²	
	tu vuelo, y en breves plazos,	
	si te caes de la tramoya	
	te harás cuatro mil pedazos.	35
BUEN GENIO	¿Qué trofeo es el que adquieres?	
MAL GENIO	¿Adónde vas de esos modos?	
MALICIA	¿Qué solicitas?	
GRACIA	¿Quién eres?	
INOCENCIA	¿Qué miedo llevas?	
PADRE DE F.	¿Qué quieres?	
FAMA	Que me estéis atentos todos.	40

FAMA
(Cantan.)
¡Oíd, mortales, oíd,
y al pregón de la Fama
todos acudid!

MÚSICA *Y al pregón de la Fama*
todos acudid.   45

FAMA *(Canta.)*
En la gran plaza del Mundo
del monarca más feliz,
hoy se hace un mercado franco;
todos a comprar venid.
¡Oíd, oíd,   50
y al pregón de la Fama
todos acudid!

MÚSICA *Y al pregón de la Fama*
todos acudid.

---

² Sintácticamente debería ser *apoyas*, con el verbo en 2.ª persona como en los demás casos; pero la rima pide *apoya*, puesto que va rimado con *tramoya*, que no se emplea en plural generalmente. Acaso podría ser «apoya/*su* vuelo», aunque los demás verbos vayan en 2.ª persona. Pero el texto de Pando lo trae como lo reproducimos. Hay que tener en cuenta que la Inocencia hace papel de gracioso, al que siempre se le toleran incorrecciones de lenguaje.

FAMA	*(Canta.)*
	En él se vende de todo;
	pero atended, y advertid
	que el compra bien o mal
	no lo conoce hasta el fin.
	¡Oíd, oíd,
	y al pregón de la Fama
	todos acudid!
MÚSICA	*Y al pregón de la Fama*
	todos acudid.
TODOS	Buena nueva.
PADRE DE F.	Mala nueva.

(Cúbrese la apariencia de la FAMA.*)*

MAL GENIO	Pues ¿por qué, Padre, nos di[3],
	no es buena nueva llegar
	de la veloz Fama a oír
	que hoy hace un mercado el Mundo
	franco, donde puedan ir
	los Genios a comprar cuanto
	necesiten para sí?
PADRE DE F.	Porque también de la Fama
	en ese pregón oí
	que vende el Mundo de todo,
	y sólo será feliz
	quien su talento empleare
	bien o mal; se ha de advertir
	que dijo que el bien o el mal
	no se conoce hasta el fin.
INOCENCIA	Otra razón diera yo
	mucho mejor que esa.
TODOS	Di.
INOCENCIA	Que no importará que venda
	el Mundo cuanto haya si
	no hay en todo el Mundo quien

Los números de línea en el margen derecho: 55, 60, 65, 70, 75, 80.

---

[3] *nos di*, pronombre antepuesto al imperativo, como era entonces usual.

tenga dos maravedís.   85
BUEN GENIO Padre de familia eres,
            cuyo caudal competir
            puede con cuantos monarcas
            ve el sol, desde que a lucir
            corre el pabellón de nieve   90
            la cortina de carmín
            hasta que, después de haber
            elevádose al cenit,
            desciende al húmedo albergue
            del contrapuesto nadir.   95
            Tus hijos somos los dos;
            nunca has querido partir
            la hacienda, ni darnos nuestras
            legítimas, por decir
            que has de hacer un mayorazgo   100
            en el vuestro; y siendo así,
            que los dos nacimos juntos
            sin saber, sin advertir
            cuál fuese el mayor, nos tienes
            no declarado hasta aquí   105
            a cuál has de reprobar
            ni a cuál has de preferir.
            Yo, pues, que siempre a mi hermano,
            ventajas reconocí
            en sus méritos, con estas   110
            nuevas dar quiero un sutil
            medio que a los tres componga:
            a ti, a mi hermano y a mí,
            sin que él se pueda enojar
            de que mejorado fui   115
            yo en la partición, ni yo
            de que él lo fuese; y, en fin,
            contentos los dos, podrás
            tú el deseo conseguir
            de fundar el mayorazgo,   120
            sin la pena de elegir
            entre tus hijos.

PADRE DE F.   ¿Y cómo
                 eso puede ser?
BUEN GENIO   Así.
                 Dame un talento[4] no más,
                 y yo renunciaré aquí   125
                 el derecho de tu herencia
                 en mi hermano, porque ir
                 quiero con él al mercado
                 y empiearle en su gentil
                 plaza: con tal condición,   130
                 que si le gastare allí
                 tan bien que sepa con él
                 tantos bienes adquirir
                 que vuelva rico a tus ojos,
                 me has de entregar por feliz   135
                 esposa a Gracia, esa bella
                 serrana, que a competir
                 vino con el sol a rayos,
                 y a flores con el abril,
                 a estos montes extranjera   140
                 de otro más bello país.
MAL GENIO   Con esa condición no
                 me puede estar bien a mí
                 la renunciación, porque
                 no puedo yo desistir   145
                 de la acción de ser esposo
                 de Gracia, si para mí,
                 en precio de su hermosura,
                 sus venas sangrase Ofir[5],
                 si viese agotar el mar,   150
                 y su seno azul turquí
                 me franquease los tesoros

---

[4] Moneda antigua imaginaria, que equivalía en Grecia a 60 minas
y en Roma a cien ases.
[5] Esto es, como si sangrasen oro, pues Ofir era una región (no
precisable) a la que iban los marineros de Hiram y Salomón para
traer oro y mercancías preciosas, partiendo de Asiongabes en el
Mar Rojo. (Ver *Reyes*, I, 9, 26-28; 22, 49 y *Paralipómenos*, II, 8, 18.)

que ha tantos siglos que allí,
inútilmente perdidos,
a nadie pueden servir.   155
BUEN GENIO   Siempre has[6] sido opuesto mío;
en mi vida discurrí
en cosa que no te hallase
contrario.
MAL GENIO   Si el competir
no puede hacerlo uno solo,   160
no me des la Culpa a mí,
pues es de todos la culpa.
BUEN GENIO   No es, que tu condición…
MAL GENIO   Di.
BUEN GENIO   No lo hace por amar,
sino por contradecir.   165
MAL GENIO   Yo quiero a Gracia; y pues tú
no me puedes preferir[7]
en méritos, que este solo
conocimiento debí
a tu discreción, bien puedes   170
olvidarla desde aquí,
pues ya una vez declarado
no he de poderte sufrir
en competencia.
BUEN GENIO   Que en partes
yo no te iguale, es así;   175
pero en el amor te excedo,
y no es posible rendir
a partido la esperanza.
MAL GENIO   Yo haré, villano, que sí;
que si eres fingido Abel,   180
soy verdadero Caín.
(Saca un puñal, y se pone el PADRE
en medio.)

---

[6] El texto dice *ha*, pero el sentido pide *has*, si, como indica el
te hallase, del verbo siguiente, se dirige directamente a su hermano.
[7] *preferir*, en el sentido de «aventajar», ir por delante.

PADRE DE F. ¿Qué es esto? ¿Pues no miráis,
villanos, que estoy yo aquí?
MAL GENIO ¿Qué importa que estés?
BUEN GENIO   Perdona,
(Arrodillándose.)
señor si pesar te di.   185
GRACIA Uno humilde, otro soberbio,
compiten los dos por mí;
fácil es de conocer
el que me ha de conseguir.
PADRE DE F. Detente, tú; tú, levanta,   190
y atentos los dos oíd:
hijos, ya que declarada
está la guerra civil,
(estorbar me importa que
no sea el segundo jardín   195
teatro, como el primero,
de una tragedia infeliz),
Gracia, que en mi confianza
hoy vive y ha de vivir
eternamente, es, y ha sido,   200
más de lo que presumís,
porque aun no la encareciera
diciendo que emperatriz
es del imperio mayor
que cubre ese azul viril[8],   205
por cuantos rumbos el sol
huella campos de zafir
desde que topacio nace
hasta que muere rubí
(aqueste valle, que es valle   210
de lágrimas, donde fui
Padre de Familias yo[9],

---

[8] *viril:* es el cristal que cubre la Sagrada Forma en la custodia.
«Azul viril» es, naturalmente, el cielo.
[9] Con este nombre aparece también en el auto *La viña del Señor*.
La expresión se encuentra en la parábola de los viñadores *(Mateo,*
21, 33-42).

siendo en todo su confín
el género humano) vino
con su esposo, discurrir   215
podéis quién pudo ser quien
a Gracia trajo tras sí.
Disfrazado entró en el valle,
solamente por cumplir
una promesa que hizo   220
a la casa de David.
Viéndole, pues, encubierto
de este nuestro sayal vil,
le dieron muerte traidores,
sin conocerle (¡ay de mí!)   225
que no sin llorar los ojos
lo puede la voz decir.
Quedó Gracia en mi poder
disfrazada, porque, en fin,
quien a él le desconoció   230
era fuerza (¡ay infeliz!)
que a ella también (¡qué desdicha!)
desconociese; y así,
a Ley de Gracia la vemos
ilustraros y lucir   235
los montes de nuestro valle,
serrana y más serafín [10].
Dejemos en este estado
sus fortunas, que acudir
quiero a la lid de los dos   240
por componeros la lid.
El género humano soy,
Padre de Familias, sí,
pues sustento cuantos ve
nacer el día y morir.   245

---

[10] La Ley de Gracia, traída por Jesucristo, al que claramente
se alude en los párrafos anteriores, desde «discurrir», aparece en
la figura pastoril de una serrana, pero, como aquí se dice, más
que serrana es «serafín», una de las más altas jerarquías angélicas.

Entre ellos los dos nacísteis,
y yo, que a un tiempo me di
a las ciencias, hacer quise
una experiencia sutil
de vuestros hados[11], leyendo   250
en ese hermoso matiz
de quien la luz es pincel,
de quien la sombra es buril,
vuestros genios, y en los dos
hallé tan dudoso fin,   255
que uno Buen Genio, otro Malo,
en mi estudio os advertí.
Ésta es la causa por qué
no me he atrevido a elegir
heredero de mi hacienda   260
hasta ver, hasta advertir,
cuál de los dos (procediendo
en el modo de vivir)
por si desmerecerá
o merecerá por sí   265
el mayorazgo; y pues hoy
vuestra competencia vi,
hacer experiencia quiero
de los dos para que, así,
ni uno tenga que estimar   270
ni otro tenga que sentir.
Gracia ha de ser de quien sólo
la merezca conseguir
por sus obras; los dos, pues,
al gran mercado habéis de ir   275
del Mundo, talento igual
daré a los dos, y advertid
que el que mejor lo empleare

---

[11] La creencia en los hados, señalada por las estrellas, era corriente en aquel tiempo. Calderón recoge la creencia, pero supone siempre que el libre albedrío humano puede no eliminar, pero sí vencer al hado, como se ve claramente en la comedia *La vida es sueño*.

	y vuelva después aquí	
	con más adquiridos bienes,	280
	esposo será feliz	
	de Gracia, y no solamente	
	mi heredero; mas oíd	
	lo que os advierto: heredero	
	será de su reino; así,	285
	emplead bien el caudal	
	porque al que viere venir	
	disipador del talento	
	que para ganar le di,	
	cerrada hallará la puerta,	290
	y que hallaréis, advertid,	
	bien y mal, y mal y bien	
	no se conoce hasta el fin. *(Vase.)*	
MAL GENIO	Ufano y desvanecido	
	con el partido me dejas.	295
BUEN GENIO	A mí, no; que antes mis quejas	
	se aumentan con el partido.	
GRACIA	¿Por qué tanto aliento cobras	
	tú con esa condición?	
MAL GENIO	Porque espera mi ambición	300
	merecerte por mis obras.	
GRACIA	Y tú, ¿por qué de esa suerte	
	das al viento la esperanza?	
BUEN GENIO	Porque mi desconfianza	
	nunca aguarda merecerte.	305
MAL GENIO	Algún favor, Gracia, espero	
	para partir.	
GRACIA	Sí daré. *(Dale una rosa.)*	
	Que yo a ninguno negué	
	mi favor	
BUEN GENIO	Siendo así, quiero	
	pedirte otro para mí.	310
GRACIA	Igual que a él ha de ser [12].	

---

[12] A todo hombre se le da la Gracia suficiente: pero la actual
ha de merecerla por sus obras.

(Dale otra rosa.)

BUEN GENIO　En fin, ¿tu favor nos das
　　　　　　sin merecerlo?

GRACIA　　　　　　　　Sí doy,
　　　　　　que por eso Gracia soy;
　　　　　　porque si lo mereciera　　　　　315
　　　　　　el hombre, justicia fuera
　　　　　　y no gracia; y así, os doy
　　　　　　aqueste favor primero,
　　　　　　porque pueda vuestro ser
　　　　　　ir con él a merecer　　　　　　320
　　　　　　el segundo, con que espero
　　　　　　premiaros, después que yo
　　　　　　quiera Dios que al hombre ofrezca
　　　　　　un favor, porque merezca,
　　　　　　y otro porque mereció,　　　　325
　　　　　　que aun en lo que es Gracia funda
　　　　　　su justicia de manera
　　　　　　que ayuda con la primera
　　　　　　y premia con la segunda;
　　　　　　y así, id los dos al mercado,　　330
　　　　　　y pues mi favor lleváis,
　　　　　　mirad bien cómo empleáis
　　　　　　el talento que os he dado;
　　　　　　y ya que en concierto tal
　　　　　　vuestros afectos se ven,　　　　335
　　　　　　y allá hay del mal y del bien,
　　　　　　traed el bien, dejad el mal. *(Vase.)*

BUEN GENIO　Pues ya nuestra competencia
　　　　　　a conciertos ha venido
　　　　　　que vamos[13] juntos te pido.　　340

MAL GENIO　No he de tener yo paciencia
　　　　　　para sufrirte; y así
　　　　　　mira qué camino quieres
　　　　　　tomar, porque donde fueres
　　　　　　no he de ir yo; y también me di　　345

---

[13] *vamos*, por «vayamos», como en otros casos.

que criado has de llevar,
porque lleve otro criado.

BUEN GENIO   Yo de lo áspero me agrado
del monte, aunque den pesar
sus abrojos a mis pies.   350

MAL GENIO   Pues yo me iré por el llano
gozando el fresco verano.

BUEN GENIO   La Inocencia escojo, pues,
para que vaya conmigo.

INOCENCIA   ¿A mí?

BUEN GENIO   Sí.

INOCENCIA   El primero eres   355
que para tuyo me quieres.

MAL GENIO   Buen camarada y amigo
llevas; si su parecer
en lo que compras te da,
bueno el empleo será.   360

INOCENCIA   Pues ¿por qué no lo ha de ser?

BUEN GENIO   ¿A quién quieres tú llevar?

MAL GENIO   Divertimientos codicia
mi pensamiento. ¿Malicia?

MALICIA   ¿Qué?

MAL GENIO   Tú me has de acompañar.   365

MALICIA   Sí haré, y de muy buena gana,
que todos mis gustos fundo
en ver la plaza del Mundo.

BUEN GENIO   ¡Ay bellísima serrana,
tarde merecerte espero!   370

MAL GENIO   Yo, presto.

BUEN GENIO   Adiós, pues.

MAL GENIO   Adiós.

(Al irse a entrar los dos GENIOS, *les sale
al paso la* CULPA, *vestida de villano.)*

CULPA   Esperad, no os vais[14] los dos
sin que me escuchéis primero.
Hijos del género humano,

---

[14] *vais*, por «vayáis», como en la nota anterior.

gran Padre de Familias,   375
Genios del hombre, que sois
inclinaciones distintas,
pues a la plaza del Mundo
a examinar os envía
para ver quién su talento   380
lo emplea o lo desperdicia,
y a quién deba hacer después
heredero de la Viña
del Señor[15] y digno esposo
de Gracia, dejad que os diga,   385
primero que os ausentéis,
causas que tengo precisas
para sentir de los dos
los engaños, las malicias
en que me dejáis, muriendo   390
de amor, de celos y envidia.
Yo, antes que al valle viniera
esa beldad peregrina
(no tanto por su hermosura,
su gala y su bizarría,   395
cuanto por venir a él
peregrinando en desdichas
de otros montes a estos valles,
extraña y advenediza),
¿no fui de vuestros amores   400
la deidad, a quien rendida
ofreció la libertad
sus finezas y caricias?
¿Qué tronco hay en todo el valle
que en sus cortezas no escriba   405
mi nombre, diciendo alguno
más que otros en sus cifras?
Vegetariano padrón
soy, que en el confuso enigma
de este carácter repito   410

---

[15] Es el título del auto aludido en la nota 9.

```
                    el tema: la Culpa viva.
                    ¿Pues por qué teniendo yo
                    la posesión conseguida
                    (en los aplausos del valle,
                    que en mi deidad sacrifican          415
                    las libertades tan presto,
                    que no hay criatura nacida
                    que de mis amores no
                    muera primero que viva)
                    en servicio de otra esposa,          420
                    uno y otro afecto olvida
                    mi hermosura?
BUEN GENIO                          ¡Calla!
MAL GENIO                               ¡Calla!
BUEN GENIO  No prosigas.
MAL GENIO                    No prosigas.
BUEN GENIO  Culpa, que al oír tu voz…
MAL GENIO   …que al mirar, Culpa, tu vista…         425
BUEN GENIO  …el nuevo propuesto 16 mío…
MAL GENIO   …la nueva esperanza mía…
BUEN GENIO  …mudo en el pecho se queda…
MAL GENIO   …sorda en el alma se irrita.
BUEN GENIO  Verdad es (¡con qué vergüenza          430
                    me permite que lo diga
                    el dolor!) que fuiste dueño
                    de mi libertad cautiva.
MAL GENIO   Verdad es (no me embarazo
                    en que la voz lo repita)             435
                    que te quise.
BUEN GENIO                       Pero ya
                    que otra beldad solicita
                    mi amor…
MAL GENIO                      Pero ya que a más
                    alto empleo mi fe aspira…
BUEN GENIO  …eres basilisco 17 que                   440
                    me matas cuando me miras.
```

---

16 *propuesto*, es lo mismo que «propósito».

17 *basilisco*, animal fabuloso, del que se creía que mataba.

MAL GENIO	...eres áspid que entre flores
	mortales venenos vibras.
BUEN GENIO	Eres astuta serpiente
	que con rostro humano hechizas. 445
MAL GENIO	Eres víbora, que muerdes
	la fruta con que me brindas.
BUEN GENIO	Y así, huiré de tus halagos...
MAL GENIO	Y así huiré de tus caricias...
BUEN GENIO	...donde pretenda mi amor. 450
MAL GENIO	...donde mi afecto consiga.
BUEN GENIO	...sin que tus voces me muevan...
MAL GENIO	...aunque tu mal me lastima...
BUEN GENIO	...ser de Gracia eternamente.
MAL GENIO	...tener a Gracia por mía. *(Vanse.)* 455
CULPA	¡Ay de mí! ¿Qué es esto, cielos?

CULPA ¿Qué pasa por mí? ¿Mi altiva
vanidad, mi presunción
tan postrada, tan rendida
yace; y aquí de las aras   460
que encendió su idolatría
en mi pecho dura el fuego
y en los suyos las cenizas?
Los galanes de este valle
de lágrimas, que solían   465
darme adoración, me dejan
despreciada y ofendida,
después que su esposo ha muerto,
en él Gracia hermosa habita.
Pero ¿qué importa, qué importa   470
que la libertad la rindan
los dos hijos de los Genios
del Gran Padre de Familias
que son las inclinaciones
que dentro del hombre lidian[18],   475

---

con la vista. En la Biblia aparece en *Salmos*, 91, 13 y en *Isaías*, 30, 6.
(En algunas traducciones aparece como «dragón volador».)

[18] Los *Genios*, según aquí se declara, personifican el carácter
psicológico-moral del hombre, en cuanto son sus «inclinaciones»

si aunque los dos la pretendan,
la adoren, la amen, la sirvan,
si no es con perfectas obras,
no es posible que consigan
más que el primero favor   480
de su hermosura divina?
Y yo haré que no lo sean,
turbando desde este día
sus acciones, y también
ella las tenga por dignas   485
del segundo, y las desprecie,
viendo que ambos desperdician,
en el mercado, el talento
que el Padre a cada uno libra.
Para esto, pues, soy la Culpa,   490
y por esta razón misma
la mentira, pues nació
la culpa de la mentira;
en varias formas mudada,
en varios trajes vestida,   495
veré si de sus empleos
las elecciones peligran,
de suerte que nunca puedan
ser de la Gracia bien vistas.
El nombre que he de tomar   500
(pues es corriente doctrina,
porque la oposición tengo
cuantos a Dios se le aplican)
será Piedra; que si él
la piedra preciosa y rica   505
es fundamental, y a mí
escándalo me apellidan
doctores, seré la piedra

(aspecto psíquico) y en cuanto pueden ser «buenos o malos» (aspecto moral), si bien este segundo aspecto depende del libre albedrío, que puede dirigir, reprimir o modificar las propensiones naturales. Ya en Heráclito aparece este aforismo: «el caracter moral *(ethos)* para el hombre es su espíritu» (en griego, *daimon)*.

del escándalo y la ruina[19].
Malas costumbres sembrar   510
solicito en cuantos vivan,
urdiendo telas de engaños
de que los hombres se vistan;
con que mi nombre será,
mas no importa que lo diga,   515
que de Piedra, y de urdir malas
costumbres, ello se explica.
Veré si mi maña puede,
en la plaza introducida
del Mundo, vengar los celos   520
que me ahogan, las desdichas
que me afligen, los rencores
que me matan, las envidias
que en el corazón me muerden,
áspides cuyas salivas   525
son las lágrimas que lloran
mis ojos, son las novicias
ponzoñas que aborta el pecho
y que el corazón respira.
Yo soy Piedra (¡el mundo tiemble!);   530
a urdir voy (¡el cielo gima!)
malas costumbres (¡mortales!);
rayos mis enojos vibran,
fuego mis labios arrojan,
llamas mis voces fulminan;   535
temblad, temblad de mis rabias;
temed, temed de mis iras. *(Vase.)*

Salen la GULA, *vestida de ventero, y la* LASCIVIA,
de criada

---

[19] Si Dios es nombrado Piedra preciosa, ella será Piedra de escándalo. Frente a la Piedra fundamental sobra la que está edificada la Iglesia, según la palabra de Cristo, la Culpa quiere ser Piedra de escándalo, como la llaman algunos Doctores de la Iglesia, pues su nombre se opone en todo a los nombres divinos.

GULA   Lascivia, ¿están puestas, di,
las mesas para que tengan
dónde comer cuantos vengan   540
del Mundo al mercado?

LASCIVIA   Sí.

GULA   Día es hoy de forasteros;
la ganacia está segura,
pues mi Gula y tu hermosura
malsanos y sin dineros   545
los enviarán.

LASCIVIA   A ese fin
te sirvo, pues nadie pasa
que no pare en esta casa
de Gula por el confín
que pusiste en monte y llano,   550
porque por ningún camino
venga al Mundo peregrino
que aquí no haga venta.

GULA   Es llano,
porque nadie sin comer
al Mundo puede pasar   555
a tratar y contratar
en su mercado.

LASCIVIA   Temer
puedo una cosa no más.

GULA   ¿Qué es?

LASCIVIA   Que sola en casa estoy,
y por manos que me doy   560
no puedo acudir jamás
a todo; y más si a advertir
llego a otros, sean quien fueren
Gula y Lascivia, más quieren
ser servidos que servir.   565

GULA   Es así, y recibiré
entre la gente que acude
un criado que te ayude.

Sale la CULPA, *vestida de mozo de mesón*

119

CULPA	Paz sea aquí; ahora escuché,
	en ese umbral arrojado,	570
	donde cansados los bríos
	me eché, la falta, amos míos,
	que hace a los dos un criado;
	y porque pienso que yo
	servir a los dos sabré,	575
	que bien todo el arte sé
	venteril[20], me pareció
	daros parte de mi intento,
	porque un dueño que tenía
	pasó adelante este día	580
	y me dejó sin aliento,
	ufano, pobre y cansado;
	y así, me es fuerza elegir
	otro modo de vivir.
GULA	El mancebo es despejado.	585
LASCIVIA	Y hermoso.
CULPA	Bástame aquello;
	no lo hagáis vos sospechoso,
	despejado vaya; hermoso,
	no quiero venir en ello
	porque ya sé que perdí	590
	la hermosura que tenía
	desde aquel infeliz día
	que una gran caída di.
	En efecto, si queréis
	que os sirva, bien pienso yo	595
	que os agrade, porque no
	será posible que halléis
	más a propósito vuestro
	criado para la venta;
	porque sé hacer una cuenta,	600
	que engaño al hombre más diestro.
	Sólo por una manzana
	que a un hombre le vendí yo,

---

[20] *venteril*, adjetivo que imita los de Cervantes. Las alusiones al *Quijote* son frecuentes en Calderón.

casa y familia dejó
en empeño, y cosa es llana 605
que tengo para otra cosa
que a vos es perteneciente,
porque hasta una serpiente
hice parecer hermosa[21];
Gula y Lascivia, de mí 610
os fiad, que os serviré;
y más ganacia os daré
en un día, que hasta aquí
habéis tenido en mil años,
porque no ignoro los modos 615
que se han de tener con todos
sirviendo vuestros engaños:
al noble, con vanidad;
al soberbio, con grandeza;
al mercader, con limpieza; 620
al pobre, con voluntad;
al rico, con alabanza;
al ministro, con secreto;
con lisonjas al discreto;
al triste, con esperanza; 625
con aplauso, al liberal;
al avaro, con desdén;
al casto, hablándole bien;
tratando al lascivo mal,
y al necio; pero con nada 630
se puede hacer de él aprecio,
porque no ha de darse al necio
mas que la paja y cebada.
GULA Digo que me has agradado,
y que quiero que te quedes 635
en casa.

_____

[21] Como se viene notando, la Culpa se identifica, en este auto,
con el Demonio tentador del Paraíso, mientras, en otros autos,
Culpa y Demonio son dos personajes distintos. Diríamos que aquí
la Culpa está objetivada, mientras en otros casos aparece como
culpa subjetiva del hombre o del género humano.

LASCIVIA	Y en ella puedes	
	ser más dueño que criado,	
	porque desde que te vi	
	me abraso en mi mismo fuego.	
CULPA	Luego nos veremos.	
LASCIVIA	Luego.	640
	Ya me has entendido.	
CULPA	Sí.	
GULA	¿Cómo te llamas?	
CULPA	No sé.	
	pero Pedro has de llamarme.	
LASCIVIA	Pedro, el alma has de costarme.	
CULPA	Si ya es mía, ¿para qué	645
	me haces de ella ofrecimiento?	
INOCENCIA	*(Dentro.)* ¿No pararemos aquí,	
	señor, un instante?	
BUEN GENIO	Sí.	
GULA	Ruido en el camino siento.	
LASCIVIA	Caminantes van llegando.	650
CULPA	Y de dos que espero yo,	
	uno es el que en casa entró.	

Salen el BUEN GENIO *y la* INOCENCIA *de camino*

BUEN GENIO	¿Habrá posada?	
GULA	¿Pues cuándo	
	faltó a ningún caminante	
	en la casa de la Gula?	655
INOCENCIA	Cuando sin dinero y mula	
	dice que pase adelante,	
	porque no puede comer	
	lo que quiere	
GULA	Esos rigores	
	no se usan aquí, señores;	660
	vuestro cuarto ahí ha de ser.	
LASCIVIA	¿Venís a pie?	
BUEN GENIO	Y muy cansado.	

CULPA	Miren que mucho, si a fe
	habiendo venido a pie,
	¿haos[22], por ventura, faltado 665
	en qué venir?
BUEN GENIO	No, que así
	sólo por mi gusto ando,
	por venir peregrinando
	del Mundo al mercado.
GULA	Aquí
	podéis descansar los dos. 670
	Voy a que un cuarto se os abra;
	comeréis. *(Vase.)*
INOCENCIA	Esa palabra
	está gozando de Dios.
LASCIVIA	Y así en habiendo comido
	quisiérades descansar, 675
	de jazmín, clavel y azahar
	tendréis un catre mullido.
BUEN GENIO	¡Qué hermosura! ¿Quién será,
	beldad, que así arrebató
	mis sentidos?
INOCENCIA	Qué sé yo. 680
CULPA	Llegue yo, pues duda ya;
	oíd: con alguna disculpa,
	yo haré que esta mi señora
	entre en vuestro cuarto.
BUEN GENIO	Ahora
	conozco quién eres, Culpa, 685
	porque aunque mudes de traje,
	no mudas de inclinación,
	y de mi afecto no son
	ni esa voz ni ese lenguaje.
	Inocencia, huye de aquí. 690
CULPA	Oye.
BUEN GENIO	Sabiendo quién eres,
	no he de esperar: ven.

---

[22] *haos*, «os ha», pronombre pospuesto.

INOCENCIA	¿No quieres descansar?
BUEN GENIO	Yo, no.
INOCENCIA	Yo, sí. *(Siéntase.)*
BUEN GENIO	Mira que aquí hay que temer.
INOCENCIA	También aquí hay que almorzar. 695
BUEN GENIO	Hoy es día de ayunar.
INOCENCIA	Hagámosle de comer.
BUEN GENIO	Vamos de aquí, no blasone casa, que de vicios es, que en ella puse los pies. 700
INOCENCIA	Miren que falta le pone.
LASCIVIA	Sosegaos.
BUEN GENIO	¿Cómo puedo? Ven, Inocencia, conmigo.
INOCENCIA	Harto a mi pesar te sigo.
CULPA	Pues quédate.
INOCENCIA	Ya me quedo. 705
CULPA	A descansar.
INOCENCIA	Yo sí haré. *(Siéntase.)*
BUEN GENIO	No harás tal.
INOCENCIA	¡Ay, que me mata!
BUEN GENIO	Que no has de decir, ingrata, que mi Inocencia dejé en tu poder. Vamos presto. 710
CULPA	Llevarle[23] intentas en vano. *(Tiran los dos de él.)*

Salen el MAL GENIO, *de gala, y la* MALICIA

INOCENCIA	¡Ay!
MAL GENIO	¿Qué es esto?
BUEN GENIO	Escucha, hermano, que yo te diré qué es esto.

---

[23] La Inocencia es un criado, esto es, un personaje masculino. Por esto dice «llevarle».

De aquel soberbio Nembroth[24]
de quien Dios venganza toma,   715
éste es fuego de Sodoma[25],
de quien yo huyendo voy;
no te pares; su castigo
teme, que yo no me atrevo
a esperarte, ya que llevo   720
a mi Inocencia conmigo. *(Vanse.)*

MAL GENIO No lo entiendo.

LASCIVIA   Iras el pecho
brota viéndome dejar.

CULPA Esto es, que por no pagar
la costa que en casa ha hecho,   725
del enojo se ha valido.

MAL GENIO Muy mal la cólera os mueve,
que yo os daré lo que debe
ya que a este tiempo he venido.

MALICIA Es muy liberal, haced   730
que mesa se le prevenga
y muy bien que comer tenga.

LASCIVIA Que os serviremos creed,
y daros comida espero,
que la pueden envidiar   735
las mesas de Baltasar
y los banquetes de Asuero[26];
limpia cama aderezada,
y ropa tendréis después,
con las calidades tres   740
de blanca, blanda y delgada.

MAL GENIO ¿Después de eso, si os obligo

---

[24] *Nembroth*, es el *Nemrod* bíblico, personaje central de *La torre de Babilonia.* (Véase el capítulo 10 del *Génesis.)*

[25] El castigo de Sodoma y Gomorra por sus pecados figura en *Génesis,* 18 y 19.

[26] La alusión a los banquetes bíblicos es frecuente en Calderón. El de Baltasar figura en *Daniel,* 5. Los de Asuero (que es el rey Jerjes I de Persia), son varios, y se encuentran en Esther, I, 1,6-9; 2,18 y 7,7.

	con deciros que ya os quiero, veréisme vos?	
CULPA	Caballero,	
	eso se ha de hablar conmigo.	745
	Entrad, que palabra os doy	
	de que cuanto deseáis	•
	en esta casa tengáis,	
	o no seré yo quien soy.	
MAL GENIO	Esto a mi agradecimiento	750
	primer indicio será.	
CULPA	Albricias, infierno; ya	
	tengo parte en un talento.	
MALICIA	¿Señor?	
MAL GENIO	¿Qué me quieres?	
MALICIA	No has	
	reparado en que esté aquí	755
	la Culpa?	
MAL GENIO	¿La Culpa?	
MALICIA	Sí.	
	¿No la ves?	
MAL GENIO	¡Qué loco estás!	
	¿Eso habías de pensar?	
	No en vano Malicia eres,	
	pues que esté la Culpa quieres	760
	en comer y descansar;	
	mas ¡ah, infeliz!	
MALICIA	¿Qué ha sido?	
	¿Qué es lo que buscas, señor?	
	(Busca la rosa que le dio la GRACIA.*)*	
MAL GENIO	Que en el camino el favor	
	de Gracia se me ha perdido. *(Vanse.)*	765
CULPA	Este no me ha conocido,	
	pues a pensar no ha llegado	
	que hay culpa en haber deseado;	
	con que el favor ha perdido.	
	Lascivia, ese forastero	770
	tuyo es, síguele, que yo	
	no puedo vivir si no	

126

	voy tras el que entró primero.	
LASCIVIA	¿Luego para esto has venido	
	solamente a la posada?	775

CULPA	Sí, que yo haré poco o nada	
	en asistir al rendido;	
	al que rendir procuré,	
	y no pude, es al que yo	
	he de seguir; y así, no	780
	hay, Lascivia, para qué	
	esté aquí, que si venció	
	primero a la mujer bella	
	la Culpa, y al hombre ella,	
	quedando tú, no hago yo	785
	falta, que en tu proceder	
	tiene mi ausencia disculpa,	
	que no hace falta la Culpa	
	donde queda una mujer.	

LASCIVIA	Espera.	
CULPA	No he de esperar.	790
LASCIVIA	Advierte.	
CULPA	Suelta.	
GULA	¿Qué es esto?	
LASCIVIA	Pedro quiere irse.	
	¿Tan presto,	
	Pedro, nos quieres dejar?	
CULPA	Impórtame ir al mercado,	
	tras un hombre que allá va,	795
GULA	Todos hemos de ir allá,	
	en habiendo a éste robado,	
	pues toca a todos; que aquel	
	hombre que de aquí salió	
	de los tres huyendo, no	800
	se alabe, que la cruel	
	violencia mía ha vencido.	
CULPA	Pues si le hemos de seguir,	
	cada uno ha de elegir	
	segundo nombre, y vestido;	805

porque advertido no esté
de quién somos.

GULA   Es así;
y yo, que la Gula fui,
el Apetito seré,
que es el disfraz de la Gula.   810

LASCIVIA Yo, que la Lascivia soy,
seré la Hermosura hoy,
que es quien más me disimula.

CULPA Pues yo, si a escucharte llego,
que como Apetito vas,   815
ciego por fuerza serás,
yo seré mozo de ciego.

GULA Robemos ahora aqueste
que hoy está en nuestro poder,
que bien podremos hacer   820
que a esotro el talento cueste
mi apetito y tu belleza.

CULPA Poco será el vencimiento
del que a gastar su talento
por Gula y Lascivia empieza.   825
(Vanse.)

Sale el MUNDO, *muy adornado, en una tramoya*

MUNDO Ya que veloz la Fama
con dulces voces al concurso llama,
del franco [27] de este día,
que a ostentación de la grandeza mía
hacer quise, juntando   830
en esta plaza mi poder, y dando
satisfacción de cuanto, generoso
monarca soy, invicto y poderoso,
ponerme quiero a ver en esta entrada

---

[27] *franco:* «Usado como sustantivo —dice el *Diccionario de Autoridades*— se toma por el tiempo en que dura la feria en que se vende libre de derechos.» En *Pando* la palabra está con mayúscula.

cómo, desde la tórrida a la helada   835
zona, diversas gentes,
con trajes y costumbres diferentes,
van a la plaza entrando,
de quien yo la razón iré tomando,
porque en saber mis vanidades fundo   840
cuanto en su redondez contiene el mundo.
¡Ea mortales!, ya ha llegado el día
de la gran feria de mi monarquía;
jueves es, venid todos al Mercado,
pues sabéis que es el jueves día fe-   845
y vosotros, veloces   [riado,
vientos, decid con repetidas voces;
(Dentro, MÚSICA.)

MÚSICA   *Vicios y virtudes*
serían sus premios.
¡Oh, feliz el que emplea   850
bien sus talentos!

Sale la SOBERBIA *con un sombrero de plumas en la mano*
y una pieza de tela como cogida

MUNDO   ¿Quién eres tú, que vienes la primera?
SOBERBIA   Soy la Soberbia, hermosa y lisonjera
deidad de los humanos,
por mis muchos aplausos soberanos.   855
MUNDO   ¿Qué vendes?
SOBERBIA   Entre mil grandezas sumas,
las ricas telas y las rizas plumas.
MUNDO   Entra y toma lugar.
SOBERBIA   Aunque es la plaza
tan grande, mi deidad te la embaraza
toda, pues parte en ella jamás supe   860
haber que mi soberbia no la ocupe.

Sale la HUMILDAD *con un sayal*

MUNDO   ¿Tú quién eres?

HUMILDAD	Pues sigo
	a la Soberbia, ser la Humildad digo.
MUNDO	¿Qué traes tú?
HUMILDAD	Sayales,
	hábitos de las penas y los males, 865
	baldones y desprecios.
SOBERBIA	Muy bien los venderás, que hay mu-
	[chos necios.
HUMILDAD	Sí venderé, pues se cantó por esto:
MÚSICA	¡Oh, feliz del que emplea bien su talento![28]

Sale la LASCIVIA, *dama, con flores*

MUNDO	¿Quién eres tú, que vienes tan ufana? 870
LASCIVIA	Soy la Hermosura humana.
MUNDO	¿Qué llevas?
LASCIVIA	Breves flores,
	que soy toda accidentes y colores;
	caudal que la edad vive de un engaño.

Sale el DESENGAÑO *con un espejo*

DESENGAÑO	Yo lo diré.
MUNDO	¿Quién sois?
DESENGAÑO	El Desengaño. 875
MUNDO	¿Qué vendéis?
DESENGAÑO	Este espejo vendo solo,
	en quien aquellas flores acrisolo,
	mostrando que la púrpura de Tiro
	grana es de polvo al último suspiro.
LASCIVIA	Para temer al Desengaño es presto. 880
MÚSICA	¡Oh, feliz el que emplea bien su talento!

---

[28] Se refiere a la parábola de los talentos *(Mateo,* 25,14-3; *Lucas,* 19,12-27). El tema está tratado extensamente en el auto *A tu prójimo como a tí.* (Ver la ed. de Valbuena Prat en Clásicos Castellanos, núm. 74.)

Sale la GULA, *de ciego, y la* CULPA, *de mozo, con*
estampas

MUNDO ¿Quién eres tú, que en vano solicito
conocerte?

GULA   Yo soy el Apetito
del hombre; ciego voy, porque, aunque
                             [enfrente
le tenga, jamás vi el inconveniente.   885

CULPA Y por eso le guío
yo, que de los peligros le desvío.

MUNDO ¿Qué es tu caudal?

GULA   Pinturas, que, pinta-
todas mis glorias son imaginadas,   [das,
porque tanto apetece   890
el hombre, el Apetito se lo ofrece,
trayendo a su memoria los empleos
de gusto, de manjares y deseos.

Sale la PENITENCIA *con saco y cilicios*

MUNDO ¿Tú quién eres, que aflige tu presencia.
pálida y triste?

PENITENCIA   Soy la Penitencia.   895

MUNDO ¿Y qué ferias?

PENITENCIA   Piadosos ejercicios
de ayunos, disciplinas y cilicios.

CULPA Buena mercadería.

PENITENCIA ¿Dirá el fin si lo es la tuya o mía?

GULA Cuando a escucharte llego,   900
por no verte me alegro de ser ciego.

PENITENCIA Pues si tú a mí me vieras,
conocimiento, no apetito fueras.

CULPA ¡Ah, Señor! Viejo honrado,
lleve usarced[29] sus tratos al Mercado   905
sin baldonar los pobres y afligidos,
pues que todos estamos mal vestidos.

---

[29] *usarced*, contracción de «vuesa merced».

DESENGAÑO	Pues, mozuelo indiscreto,
	¿quién a vos mete en eso?
CULPA	Yo me meto,
	que es mi amo, y si aplico 910
	a los dos el cuchillo haré...
GULA	¿Perico?
MUNDO	Teneos.
CULPA	Sí haré, pues no puede mi daño
	el quebrar el espejo al Desengaño.
GULA	¡Ah muchacho!
CULPA	Aquí estoy.
GULA	Quieto.
CULPA	Sí, digo. 915
GULA	Pienso que el diablo me metió contigo,
	ponme en buen puesto.
MÚSICA	*¡Oh, feliz quien emplea bien su talento!*
MUNDO	¿Vos quién sois?

Sale la HEREJÍA *con libros*

HEREJÍA	La Herejía.
MUNDO	¿Qué es eso? [mía,
HEREJÍA	Ciencias son, la ciencia 920
	libros de mis doctísimos varones,
	llenos todos de varias opiniones.
MUNDO	¿Pues quién es la que ciega también
	al Mercado? [llega
FE	*(Saliendo.)* La Fe, que la Fe es ciega.
HEREJÍA	¿Quién te guíe no traes? [quedo
FE	No; que aunque 925
	yo sin vista, el camino errar no puedo.
HEREJÍA	¿Qué es eso?
FE	Carne y sangre.
HEREJÍA	¿De qué suerte,
	si es Vino y Pan lo que mi vista advierte?
FE	Creyendo que este Pan sacramentado
	en Carne y Sangre está transubstan- 930
	[ciado,

	porque cinco palabras excelentes
	sólo dejan de Pan los accidentes,
	no de Pan la sustancia.
HEREJÍA	No lo creo.
MÚSICA	*¡Oh, feliz del que emplea bien su talento!* [30]
MUNDO	Ya esta parte de la plaza 935
	poblada de gente veo
	con varias mercaderías,
	todos tomando sus puestos.
	A acomodar los demás
	que ahora fueren viniendo 940
	quiero acudir a otra parte.
	¡Oh cuánto me desvanezco
	de ver los triunfos que gozo
	y los vasallos que tengo!
	Poderosos mercaderes 945
	del mundo, poneos los precios
	vosotros mismos a todos
	los grandes caudales vuestros,
	y ved que en la plaza ya
	vienen entrando los Genios, 950
	que son las inclinaciones,
	que tienen malos y buenos;
	hijos del género humano,
	llamadlos todos, haciendo
	de lo que vendéis alarde 955
	para que se inclinen ellos
	a comprar, puesto que viene
	cada uno con su talento;
	y advertid que aunque haya sido

---

[30] Este verso aparece escrito así en *Pando:*
    ¡Oh, feliz el que emplea
    bien su talento!
Valbuena lo reproduce, pero se ve claramente que, en Pando, la
división en dos es pura cuestión tipográfica. Aquí cierran el verso
los pareados asonantados rimando en asonante, como se ve en
los casos anteriores: «presto-talento»; «puesto-talento». Tras esto,
cambia el metro, iniciándose un romance octosílabo.

talento moneda, es cierto   960
que en aquesta alegoría
se habla del alma, haciendo
de él moneda imaginaria.
Perdonad, doctos ingenios,
la advertencia, que yo hablo   965
a mayor abundamiento[31]. *(Vase.)*
CORO 1.º *Forasteros, llegad, llegad,*
que aquí contentos
y gustos están.
CORO 2.º *Forasteros, venid, venid,*   970
que están las fatigas
y penas aquí.

Salen el BUEN GENIO *y la* INOCENCIA, *por una parte,*
y por la otra, el MAL GENIO *y la* MALICIA

BUEN GENIO ¡Qué hermosa que está la plaza
del Mundo, Inocencia!
INOCENCIA   Cierto
que parece un paraíso.   975
MAL GENIO ¿Viste tan raros objetos,
Malicia, otra vez?
MALICIA   Sí, vi.
pero fue en mi pensamiento[32].
MAL GENIO Un amor me trajo al Mundo;
mas ya son dos los que tengo,   980
que después que vi a Lascivia

---

[31] Puesto que los autos se representaban primero en la Corte
y ante los nobles, Calderón disculpa la aclaración —dirigida al
vulgo— de que el «talento» fue antiguamente una moneda, pero
que aquí, por tratarse de cosas del alma, debe entenderse como
un don espiritual.
[32] «Pensamiento» está aquí usado, como en otros lugares, en
sentido de «imaginación», lo que todavía persiste en frases como
«estoy pensando», cuando lo que se hace es dejar fluir libremente
las imágenes; o cuando se dice: «mi pensamiento divaga».

	poco de Gracia me acuerdo.	
BUEN GENIO	Antes que compremos algo,	
	la vuelta a la plaza demos.	
MALICIA	Ven, y veámoslo todo	985
	antes que nada compremos.	
SOBERBIA	Llevad galas, llevad plumas.	
HUMILDAD	Llevad sayales groseros.	
LASCIVIA	Flores doy bellas y hermosas.	
DESENGAÑO	Yo desengaños ofrezco.	990
GULA	En imágenes pintadas	
	los deleites represento.	
CULPA	¡Ea, caballeros, lleven	
	de aquí varios pensamientos!	
PENITENCIA	Llevad mortificaciones	995
	para que podáis vencerlos.	
HEREJÍA	Libros de opiniones doctas	
	os daré a barato precio.	
FE	Yo este Pan, que es Carne y Sangre,	
	dulce e inmortal sustento.	1000

CORO 1.º *Forasteros, llegad, llegad,*
que aquí los contentos y gustos están.

CORO 2.º *Forasteros, venid, venid,*
que están las fatigas y penas aquí.

CULPA	Yo no puedo estar parado;	1005
	esperadme aquí, que quiero	
	ir a buscar otro engaño,	
	con cuyo disfraz pretendo	
	hallarme en todo.	
GULA	Perico,	
	¿dónde vas?	
CULPA	A punto vuelvo. *(Vase.)*	1010
BUEN GENIO	Ya Inocencia, habemos visto	
	cuanto se vende.	
INOCENCIA	Y confieso	
	que en mi vida me ha pesado	
	si no es ahora de serlo.	
BUEN GENIO	¿Por qué?	
INOCENCIA	Porque la Inocencia,	1015

	como no tiene talento	
	que gastar, no compra nada.	
MAL GENIO	Malicia, de todo esto,	
	¿qué es lo que más te agradó?	
MALICIA	De todo hay, de malo y bueno.	1020
	Esta parte tiene más	
	riquezas.	
MAL GENIO	Eso es lo mesmo	
	que me ha parecido.	
BUEN GENIO	Ven	
	por aquí.	
INOCENCIA	¿Pues a qué efecto,	
	si aquí no se vende nada	1025
	de placer?	
BUEN GENIO	Porque me llevo	
	tanto de mi inclinación	
	en amor cuanto el desprecio	
	del Mundo, que en su Mercado	
	sólo han de ser mis empleos	1030
	las miserias de la vida.	
INOCENCIA	¿No tratas casarte?	
BUEN GENIO	Es cierto.	
INOCENCIA	Pues, ¿qué más miserias quieres?	
	Mas dejando el vil concepto,	
	lleva galas a tu esposa,	1035
	joyas, tocados y aseos[33],	
	que no hay ninguna que no	
	se huelgue.	
BUEN GENIO	Por tu consejo	
	de aquella tela, a la Gracia	
	llevar un vestido quiero.	1040
MALICIA	A la tienda que tú vas,	
	llegó tu hermano primero.	
MAL GENIO	Pues veamos lo que compra	
	desde aquí.	

---

[33] *aseos*, esto es, «afeites» para el embellecimiento.

Sale la CULPA, *de galán*

CULPA	A buen tiempo llego,
	que el Buen Genio está en la tienda 1045
	de la Soberbia, que espero
	que no voy a hacer que de ella
	no salga sin que primero
	la compre algo.
BUEN GENIO	Esta me agrada.
SOBERBIA	Pues no os desagrade el precio. 1050
CULPA	Yo terciaré en que sea poco.
BUEN GENIO	¿Qué os va a vos en eso?
CULPA	Ser corredor de esta tienda.
BUEN GENIO	Sin vos nos concertaremos.
CULPA	No es posible.
BUEN GENIO	¿Qué queréis 1055
	por ella?
SOBERBIA	Un pensamiento
	de soberbia y vanidad,
	presumir que sois perfecto
	en todas vuestras acciones
	y que no puede haber yerro 1060
	en vos.
CULPA	Es de balde.
BUEN GENIO	Pues
	guárdala que no la quiero.
SOBERBIA	¿Por qué?
BUEN GENIO	Porque yo conozco
	de mí que nada merezco.
CULPA	Volved acá.
MAL GENIO	No la guardes, 1065
	que yo la tomo en el precio;
	y las plumas, ¿cuánto son?
SOBERBIA	Otro desvanecimiento.
BUEN GENIO	No la compres, que es, hermano,
	el propio conocimiento 1070
	la mejor joya del alma.
MAL GENIO	No es menester tu consejo.

Por estas plumas y telas
doy, vano, altivo y soberbio,
conocer de mí, que sólo   1075
ponérmelas yo merezco.

SOBERBIA Vuestro es, y pues despaché
mi mejor caudal con esto,
celebre a voces mi bando
el buen marchante que tengo.   1080

MÚSICA *Sea norabuena,*
norabuena sea,
vestir galas y plumas
de la Soberbia.

MAL GENIO Toma y llévalas, Malicia.   1085

CULPA Gran ocasión perdí; pero
otras habrá; tras él voy,
aunque a esotro deje, puesto
que importa más a la Culpa
que sea malo el que es bueno   1090
que no que sea peor
el que fue malo, que aquesto
sin diligencia se hace.

BUEN GENIO En tu vida otro consejo,
Inocencia, me has de dar.   1095

INOCENCIA Ya sabes que soy un necio.

BUEN GENIO ¿Vos no tenéis telas?

HUMILDAD   Sí;
mas son sayales groseros.

BUEN GENIO Esos son los que yo busco.

INOCENCIA Pues, ¿para qué quieres ésos?   1100

BUEN GENIO Para vestir a mi esposa.

INOCENCIA De buen espolín[34], por cierto.

CULPA Yo haré que os den más barata
otra tela allí.

BUEN GENIO   No quiero
nada yo por vuestra mano.   1105

---

[34] *espolín:* tela de seda con flores entretejidas. (También se llama así la lanzadera con que se entretejen.)

	¿Qué pedís por todos éstos?	
HUMILDAD	Sólo un acto de humildad.	
BUEN GENIO	Decidme cual, que yo ofrezco	
	obedeceros.	
HUMILDAD	A mí	
	me basta ese rendimiento,	1110
	porque ofrecer obediencia	
	es de este sayal aprecio. *(Vase.)*	
BUEN GENIO	Toma, Inocencia.	
CULPA	Esa gala,	
	más que de boda, es de entierro.	
BUEN GENIO	No por eso es peor buscar	1115
	vivo lo que sirve muerto.	
INOCENCIA	Tela es pasada[35], pues tiene	
	lo mismo fuera que dentro.	
MÚSICA	*Norabuena, sea,*	
	sea norabuena,	1120
	de Humildad vestiros	
	las pobres telas.	
MALICIA	Un sayal compró tu hermano.	
MAL GENIO	Buena gala. Allí un espejo	
	se vende, curiosa alhaja	1125
	de una dama.	
MALICIA	Verle quiero.	
CULPA	Al otro bando se pasa	
	el que ya en mi poder tengo;	
	mas si al que perdí no gano,	
	¿qué haré, si al que gano pierdo?	1130
MAL GENIO	¿Qué quieres por este hermoso	
	limpio cristal?	
DESENGAÑO	Un acuerdo	
	de la muerte.	
MAL GENIO	¿De la muerte?	
DESENGAÑO	Sí.	

---

[35] *tela pasada:* La Inocencia, como gracioso, se burla de que la tela está vieja, y tan gastada que no tiene revés ni derecho.

CULPA	Mozo sois, ahora es presto,
	para esta memoria.
MAL GENIO	Bien

me aconsejáis, caballero,
guardadle.

BUEN GENIO	No lo guardéis,

que yo le tomo en el precio.

CULPA	¿Lo que otro deja lleváis?
BUEN GENIO	¿No lleva él lo que yo dejo?
DESENGAÑO	Tomadlo, miraos en él

y pagaréisme. *(Vase.)*

BUEN GENIO	Ya veo

al cristal del Desengaño,
que soy polvo, nada y viento;
toma, Inocencia.

INOCENCIA	¡Jesús!

¡Qué maldita cara tengo!

MÚSICA	*Sea norabuena,*

norabuena sea,
conocer a ese espejo
las faltas vuestras.

CULPA   ¡Ay de mí!, qué vanamente
en este Mercado intento,
haciéndome corredor
desperdiciar el talento,
pues con Lascivia y Soberbia
igual, hacerle no puedo
pecar; con la Hipocresía
tengo que ver si le venzo. *(Vase.)*

MAL GENIO   Ya que el espejo no compro
llevar un tocado quiero.
Dadme, hermosa, vuestras flores,
matices y adornos bellos
he menester para una
dama que adoro y pretendo,
harto parecida a vos.

LASCIVIA   Yo a cuanto se ama parezco,

Line numbers: 1135, 1140, 1145, 1150, 1155, 1160, 1165

y por sola una lisonja
la llevaréis.

MAL GENIO   No me atrevo
a pronunciarla, que cuanto
en el más rendido afecto,   1170
en la más postrera fe
diga el encarecimiento,
será verdad, no lisonja.

LASCIVIA Aquesa lo es ya, y no puedo
negar los bellos matices,   1175
que son aplausos de viento. *(Vase.)*

MÚSICA *Sea norabuena,*
norabuena sea,
que os ofrezca sus flores
la Primavera.   1180

BUEN GENIO   ¿Qué vendéis vos?
PENITENCIA   Yo, miserias,
llantos, penas, desconsuelos,
cilicios y disciplinas.

BUEN GENIO ¿Pues quién sois?
PENITENCIA   El Sacramento
de la Penitencia soy.   1185

BUEN GENIO Huélgome de conoceros.
INOCENCIA Yo no. ¿Qué miras?
BUEN GENIO   Sus joyas.
INOCENCIA ¿Esas son joyas?
BUEN GENIO   ¡Qué necio!
¿Hay otras de más valor?

INOCENCIA Muchas. Si no, preguntemos   1190
a estas damas qué querrán
más que las dé un caballero:
unos canelones duros
o unos canelones tiernos[36],
un cilicio o unas martas,   1195

---

[36] *canelones duros... canelones tiernos:* los «canelones» son una
labor de pasamanería.

141

	un ayuno o un almuerzo,	
	un ermitaño o un sastre[37].	
	¿Qué quieres por todo esto?	
PENITENCIA	Una confesión vocal,	
	con un arrenpetimiento.	1200
BUEN GENIO	Mis culpas confieso a voces.	
PENITENCIA	Pues tomad, que todo es vuestro.	
MÚSICA	*Sea norabuena,*	
	norabuena sea,	
	daros sus auxilios	1205
	la Penitencia.	
MAL GENIO	Vos, ¿qué vendéis?	

MAL GENIO Vos, ¿qué vendéis?

GULA   Las ideas
que dibuja el Pensamiento,
despertando al Apetito
para gustos y contentos.   1210

MAL GENIO No os las compro, porque yo
siempre le tuve despierto.

Sale la CULPA, *de pobre*

CULPA Dad una limosna, ya
que nada compráis.

MAL GENIO   No quiero.
que mendigos holgazanes   1215
lo sean con mi dinero.

CULPA Si supieras quién soy yo *(aparte)*
harto me dabas en ello.
Caballero, pues vos sois *(al* BUEN GENIO.*)*
tan piadoso, justo y cuerdo,   1220
que en el mercado del Mundo

---

[37] Desde «qué querrán» se formulan preguntas, pero indirectamente. En *Pando* no sólo se ponen los signos de interrogación correspondientes al final de cada verso, sino que cada uno se separa con punto del anterior. Creo que la forma normal de escribirlo hoy es la de separarlo sólo con una coma, englobando todos en la pregunta general.

	hacéis del oro desprecio,	
	y compráis pobres alhajas,	
	dad limosna a un pobre ciego.	
BUEN GENIO	En mí hay caridad, tomad.	1225
CULPA	No negaréis por lo menos	
	que ya no me has dado parte	
	del talento.	
BUEN GENIO	Sí haré, puesto	
	que no te le he dado a ti.	
CULPA	Pues ¿a quién?	
BUEN GENIO	Al sentimiento	1230
	de verte necesitado,	
	que es Dios tan piadoso y recto,	
	que aun lo que se da a la Culpa	
	del hombre, que va pidiendo	
	sin necesidad, lo pone	1235
	a cuenta suya, diciendo	
	que es por quien se da, y no en quien	
	consiste el merecimiento.	
CULPA	Tercera vez me venciste.	
GULA	No desesperes tan presto.	1240
	Culpa, que si yo me quito	
	los atributos de ciego,	
	siendo Gula y Apetito,	
	placer seré.	
CULPA	Pues ven presto,	
	vea el cielo que le quedan	1245
	más lides en que vencernos. *(Vanse.)*	
MAL GENIO	¿Qué vendéis vos?	
FE	Este Pan	
	y este Vino.	
MAL GENIO	No os lo merco,	
	que en la casa de la Gula	
	como esos manjares tengo.	1250
FE	No me espanto, que no vienes	
	por el camino derecho,	
	puesto que a la Penitencia	
	nada feriaste primero.	

BUEN GENIO	¿Qué vendéis vos?	
HEREJÍA	Estos libros.	1255
BUEN GENIO	¿De quién?	
HEREJÍA	De grandes ingenios	

herejes sacramentarios.

BUEN GENIO Facultad es que no entiendo
ni quiero entenderla.

MAL GENIO   Yo
de todas saber me huelgo.   1260

BUEN GENIO Yo creer sin saber.

MAL GENIO   Pues
troquemos lugar.

BUEN GENIO   Troquemos [38].

MALICIA Bravos trastos, Inocencia,
llevas.

INOCENCIA   Es mi amo un necio [39].

BUEN GENIO ¿Qué Pan, bella dama, es éste?   1265

FE Pan que descendió del cielo:
Pan de ángeles.

MAL GENIO   ¿Qué autores
éstos son?

HEREJÍA   Calvino y Lutero [40].

BUEN GENIO ¿Cómo es Pan del cielo?

FE   Como
es el cuerpo de Dios mesmo.   1270

MAL GENIO ¿De qué trata este autor?

HEREJÍA   Este
afirma que todo cuerpo
ocupar debe lugar,
y que no es posible aquello
de que esté el Cuerpo de Dios   1275

---

[38] Este trueque de lugar alude al que se hace en los torneos, a los que Calderón equipara frecuentemente las disputas doctrinales.

[39] A este verso le falta una sílaba, pero así está en Pando y en Valbuena.

[40] En cambio, a este otro verso le sobra una sílaba, pues tiene nueve. Podría suprimirse *son*, manteniendo el sentido.

en el blanco Pan, supuesto
que en él no ocupa lugar[41].

FE   El cuerpo extenso, concedo;
el Cuerpo que está con modo
indivisible, eso niego;   1280
y así está el Cuerpo de Cristo
en el Pan del Sacramento,
con el modo indivisible,
y declárame un ejemplo:
el alma de un hombre, ocupa   1285
todo un hombre, sin que demos
lugar dónde esté, pues queda
tan cabal, después de muerto,
la cantidad, como estaba
antes que muriese; luego,   1290
sin ocupar lugar, puede
Dios estar en ese velo,
y estar o no estar le hace
ser Pan vivo o ser Pan muerto[42].

HEREJÍA Yo lo niego.

FE   Yo lo afirmo.   1295

MAL GENIO Yo lo dudo.

BUEN GENIO   Yo lo creo.

MALICIA Yo, ni lo afirmo ni lo dudo.

INOCENCIA Yo, ni lo sé ni lo entiendo.

BUEN GENIO ¿Qué vino es éste?

FE   Es la Sangre
de Dios, en cuyo alimento   1300
se cobra la vida eterna.

MAL GENIO ¿Y éste?

HEREJÍA   Si Sangre es veneno,

---

[41] Es tesis aristotélica, que Calderón presenta siempre como objeción a la Eucaristía, hecha desde el punto de vista de la pura ciencia humana.

[42] Calderón repite literalmente este argumento en la loa de *A Dios por razón de Estado*, en boca de la Teología. La objeción la hace allí la Filosofía. *(Pando*, I, 1-6.)

dice, que ¿cómo da vida?[43]

BUEN GENIO ¿Pues qué respondes?

FE Que siendo
la Sangre humana de Cristo 1305
divina también, por serlo
con divinidad, da vida,
porque es fuerza poder menos
lo humano que lo divino,
hallándose en un supuesto[44]. 1310

HEREJÍA Yo lo niego.

FE Yo lo afirmo.

MAL GENIO Yo lo dudo.

BUEN GENIO Yo lo creo.

MALICIA Lo dicho, dicho, Inocencia.

INOCENCIA Malicia, lo hecho, hecho[45].

MAL GENIO Y éste, ¿de qué trata?

HEREJÍA Éste 1315
dice que justos preceptos
vedan[46] comer carne humana,
por ser terrible y cruento

---

[43] En la *loa* mencionada en la nota anterior, esta objeción la pone la Medicina. En cambio, la respuesta que da aquí la Fe es diferente de la que allí da la Teología. El texto está así en Pando, pero el sentido pide «dile que», esto es que el MAL GENIO le pregunte a la FE cómo puede dar vida.

[44] *supuesto*, en la escolástica, es una sustancia individuada, de modo que si la persona humana es un *supuesto racional*, la Persona divina sería un «supuesto suprarracional». Aquí el «supuesto» es la sangre, pero se distingue entre la sangre divina y la humana: la de Cristo es humana y divina, pero ésta, que «puede más», es la que da vida.

[45] Esta fórmula se encuentra en *El alcalde de Zalamea*, en un diálogo entre don Lope de Figueroa y Pedro Crespo: como se ha dicho al tratar de fechar el auto:

DON LOPE. Pues Crespo, lo dicho, dicho.

CRESPO. Pues, Señor, lo hecho, hecho.

[46] *vedan comer...* Pando dice *deban*, pero no se trata de un precepto positivo: el sentido es que la ley natural y la ley divina, por igual, prohiben comer carne humana. En la *loa* citada la Jurisprudencia dice:

no sólo *vedado* fue

                    manjar para el hombre.
    FE   Y son
            divinos preceptos; pero   1320
            la carne humana de Cristo
            divinizada la vemos
            por la hipostática unión⁴⁷,
            sacramentada de él mesmo
            voluntariamente, y no   1325
            es sacrificio cruento,
            sino incruento y piadoso,
            pues todo el horror y el miedo
            de carne humana quitó
            la Gracia del Sacramento⁴⁸.   1330
BUEN GENIO No digas más, que si es
            Pan de Gracia, yo pretendo
            por este Pan y este Vino
            daros todo mi talento.
    FE   Aunque yo le doy de balde,   1335
            tú no le pagas con menos;
            toma, y llévale contigo,
            que tuyo será.
MAL GENIO   Supuesto
            que a la Gracia convencer
            puedo con los argumentos   1340
            de estos libros, y para ella

            _____

                    en el natural derecho
                    de los hombres el comer
                    una humana carne...

Y la Teología contesta:

                                Concedo
                    cuán justamente las leyes
                    y canónicos decretos
                    veden comer carne humana.
Está claro que se ha deslizado una errata, y, en vez de *deban* debe
ser *vedan*.
    ⁴⁷ *hipostática unión*, se refiere a la unión de la naturaleza humana
y la divina en Jesucristo.
    ⁴⁸ Este argumento aparece también en la *loa* mencionada, aunque
no tan literalmente como la anterior de la nota 42.

	los he de llevar, yo ofrezco	
	por ellos cuanto quedó	
	del caudal de mi talento.	
HEREJÍA	Llevadlos, que ha de elegirlos,	1345
	cuando no de amor, de miedo,	
	y diga toda la tierra:	
FE	Y repare todo el cielo.	
MÚSICA	*Sea norabuena,*	
	norabuena sea,	1350
UN CORO	*Darnos la herejía*	
	todas las ciencias.	
OTRO CORO	*Que ese Pan de Gracia*	
	la Fe conceda.	
MAL GENIO	Ya tu talento has gastado.	1355
BUEN GENIO	Y en el más divino precio.	
MAL GENIO	Yo también.	
MALICIA	Notables cosas	
	llevas Inocencia,	
INOCENCIA	Pienso	
	que en viendo lo que llevamos	
	nos mata a palos el viejo.	1360
MAL GENIO	Volvamos juntos ahora,	
	porque quiero irme rïendo	
	de ver las cosas que sacas	
	del Mundo.	
BUEN GENIO	Ahora no quiero	
	yo tu comunicación,	1365
	que aquestos libros trayendo,	
	tener no puedo contigo	
	conversación ni comercio;	
	y así, mira qué camino	
	has de llevar, porque quiero	1370
	llevar de ti el más distante[49].	
MAL GENIO	Yo por lo llano me vuelvo,	
	que en la venta de la Gula	

---

[49] Como se ve, Calderón no admite la convivencia con los herejes; pero no es sólo cosa suya, sino de la época.

viandas y comidas dejo
pagadas para el camino,   1375
y ver a Lascivia quiero,
para darle algunas joyas
de las muchas que aquí llevo.
Yo, sin tocar en su venta
volveré por el desierto.

MAL GENIO Pues, adiós.

BUEN GENIO   Adiós.

Salen la CULPA *y la* GULA, *de gitanos*

GULA   No vais[50]   1380
sin que me escuchéis primero
lo que os digo alegremente
al son de los instrumentos. *(Bailan y
zapatean.)*

MÚSICA *Canarios a bona,
arrofaifá[51],*   1385
*si mi padre lo sabe
matarme ha.*

GULA   Yo soy el placer, gitano
de los sentidos, pues puedo
robarlos con mis bebidas;   1390
tan tarde al Mercado vengo
porque como soy Placer,
vengo tarde y me voy presto;
un caballo y un esclavo
para que os volváis os vendo;   1395
el caballo es tan veloz,
que es el mismo pensamiento,
y el esclavo este muchacho,
despejado, alegre y suelto.

---

[50] *No vais*, por «No os vayáis».

[51] *arrofaifá:* En la ed. de Valbuena dice «arrosaisá», pero en
Pando se ve muy claramente que son *efes* y no dos *eses altas*, que
es con las que se podrían confundir. La palabra no significa nada;
se trata de uno de esos bailes o cancioncillas populares de la época,
que corrientemente solían cerrar los entremeses.

| | ¡Ea, Perico, otra vüelta | 1400 |
| | por aquestos caballeros! |

MÚSICA *Canario a bona, etc.*

BUEN GENIO Tal deseo de volver
a vista de Gracia tengo,
que yo os comprara el caballo,   1405
mas no me queda dinero,
que por este Pan de Gracia
he dado todo el talento.

GULA Yo os lo fiaré, que ya sé
quién sois, y acudiré luego   1410
a cobrar a vos.

BUEN GENIO   ¿Y cuánto
pedís por él?

GULA   No pretendo
más de que me le paguéis,
como os hallareis, supuesto
que es Pensamiento, en que puede 1415
saliros o malo o bueno.

BUEN GENIO Con aquesa condición
yo le tomo.

GULA   Pues poneos
en él: allí está, y partid.

BUEN GENIO Aqueso no, que primero   1420
le he de enfrenar de mi mano,
poniéndole rienda y freno
de obediencia, porque sólo
para tenerle sujeto,
compraré al Placer, fiado,   1425
el bruto del Pensamiento.*(Vase.)*

CULPA Aun comprándonos nos vence
la inclinación del Buen Genio.

MAL GENIO ¿Por qué vendéis el esclavo?

GULA Por necesidad que tengo   1430
de que vos os lo llevéis.

MAL GENIO Sí haré, como hagáis lo mesmo
de fiármele.

GULA   Sí fío;

pero a él no, que yo le vendo
con tachas buenas y malas. 1435

MAL GENIO   Y yo con ellas lo merco.

CULPA   Aunque vendido me vea
alegre estoy y contento
con el dueño que me has dado,
pues así tener pretendo 1440
en réprobos y elegidos
jurisdicción con el cielo,
en fe de cuya alegría
a cantar y bailar vuelvo.

MÚSICA   *Canario a bona, etc.* 1445

GULA   Pues de los dos a cobrar
he de ir, os iré sirviendo.

MAL GENIO   Yo, por llevaros conmigo
hasta mi casa, me huelgo.

MALICIA   Sí, que del Mundo no hay más 1450
que llevar sino el contento.

MÚSICA   *Canario a bona, etc.*
(Vanse cantando y bailando.)

Salen la GRACIA *y el* PADRE DE FAMILIAS

GRACIA   Grande es tu cuidado.

PADRE DE F.   Sí,
que ausentes mis hijos tengo,
y a este monte voy y vengo,
por si puedo desde aquí,
descubriendo los caminos 1455
de la vida humana, ver
señas de llanto y placer.

GRACIA   Ellos fueron peregrinos
al Mundo, y que volverán
no dudes, viendo empleados 1460
los talentos heredados,
pues por mí a la feria van.

PADRE DE F.   ¡Ay, Gracia hermosa!, que ha habido

151

mucho que temer, porque[52]
aunque tu hermosura fue   1465
lo que ambos han pretendido,
los modos de pretenderla
en los genios se difieren,
que todos la Gracia quieren
y pocos saben quererla.   1470
Pregunta al más pecador
si tener Gracia querrá,
dirá que sí (claro está);
pero ciego de su error,
no te sabe merecer,   1475
que aunque tú les des favores,
son tales los pecadores
que te quieren sin querer.

GRACIA   Por aquella parte, que
en su aspereza este monte   1480
embaraza el horizonte,
en un caballo se ve
un hombre.

PADRE DE F.   ¡Ay de mí!, que ha sido
su pensamiento, y caerá
desde sus cumbres, si ya   1485
no le trae bien corregido.

GRACIA   Por esotro hermoso llano
músicas y danzas vienen. *(Suena música y ruido.)*

PADRE DE F. Si son mis hijos, bien tienen
hoy que llorar (y no en vano)   1490
mis ojos, pues por el viento
corre ciego cada uno,
en sus deidades el uno
y el otro en su pensamiento.

BUEN GENIO *(Dentro.)*
No me has de arrojar de ti,   1495

_____

[52] *porque:* al final del verso, en los clásicos, se lee *porqué*, como lo pide el metro.

monstruo de soberbia lleno,
pues de la obediencia el freno
te trae seguro.

FE   *(Dentro.)*   Y aquí
las virtudes te valemos,
de quien del Mundo sacaste   1500
los méritos que feriaste.

GRACIA Ya socorrido le vemos
de gente, que el monte arriba
trepa a ayudarle, no en vano.

MÚSICA *El grande género humano,*   1505
Padre de Familias, viva.

Salen, por diferentes partes, el BUEN GENIO, *la* INOCEN-
CIA, *la* FE *y las* VIRTUDES, *y por el otro, el* MAL GENIO,
la GULA *y la* CULPA *y llegan al* PADRE DE FAMILIAS
en reverencia

BUEN GENIO Dame tu mano a besar.

PADRE DE F. Ni a uno ni a otro, hasta ver
a quién se la debo dar.   1510

MAL GENIO A mí, que traigo empleado
de mi talento y tesoro
en telas y en piezas de oro
y flores para el tocado
de Gracia, que éstas y aquéllas   1515
dan soberbia y hermosura,
porque en su belleza pura,
que es cielo, sirvan de estrellas.
Libros traigo, porque sé
que es gran ciencia la Herejía;   1520
del placer y la alegría
los músicos, para que
esa belleza que alabo
celebren a cualquier hora
como ave a la aurora,   1525
y al contento por mi esclavo.

	Tráigote dulces manjares	
	y bebidas que me dio	
	la Gula.	

PADRE DE F.   ¿Tú que traes?
BUEN GENIO   Yo,
                llantos, miserias, pesares,   1530
                pobres telas peregrinas
                de que la Humildad se viste;
                de la Penitencia triste,
                cilicios y disciplinas;
                no traigo sonora voz,   1535
                sino el suspiro y lamento,
                y domado[53] el Pensamiento,
                bruto que corrió veloz.
                Tráigote del Desengaño
                de la vida este cristal,   1540
                donde se ve el bien y el mal;
                para evitarte del daño
                que en esos libros se ve
                y no pueden ofendella,
                traigo para Gracia bella   1545
                aqueste Pan de la Fe.
PADRE DE F.   Dame los brazos, que tú
                eres mejor hijo, al fin:
                tú eres mi Abel; tú, Caín;
                tú, mi Jacob; tú, Esaú.   1550
                Y pues tú solo has logrado[54]
                el talento que te di,
                tú eres mi heredero. A ti [al MAL GENIO],
                maldito y desheredado
                te dejo; ingrato, jamás   1555
                parte tendrás de mi herencia;
                en tormento e impaciencia

---

[53] *domado*, en Pando dice «domando», pero el sentido pide «domado».

[54] *has logrado*, en el sentido de «has gozado» o «has disfrutado» de algo.

eternamente serás
aborrecido de Dios;
las puertas te cerraré   1560
de mi casa, y para que
premio y castigo a los dos
muestre mi justicia igual,
da la mano, Gracia, a quien
yendo donde hay mal y bien,   1565
trajo el bien y dejó el mal.

MAL GENIO ¡Ay infelice de mí,
que jamás hallar intento
consuelo, pues el talento
que me entregaron perdí!   1570

GRACIA Cuando tú no me trajeras
más que aqueste Pan que adoro,
es el más rico tesoro
con que obligarme pudieras.
(Al tiempo que va el PADRE *diciendo
los versos que siguen, se descubre un
trono y siéntanse los dos y las* VIRTU-
DES, *quedando el* PADRE *en medio.)*

PADRE DE F. Llega a mis brazos y ven   1575
a este trono celestial,
pues entre el bien y entre el mal
acertaste con el bien.
En él te acompañaremos
yo y tu esposa, Gracia bella,   1580
que es del cielo hermosa estrella,
en cuyos claros extremos,   ·
en precio de tu talento,
goces del bien celestial. *(Siéntase.)*

MAL GENIO ¡Ay infeliz de mi mal,   1585
que jamás hallar intento
consuelo, pues el talento
que me entregaron perdí,
y como al viento le di,
todo es sombra, todo es viento!   1590
¿Y solamente ha quedado

conmigo este esclavo aquí?

CULPA   Si, que yo tu Culpa fui
y siempre te he acompañado:
cuando con la Gula hablaste,   1595
allí estuve yo incitando;
allí estuve también cuando
a la Lascivia adoraste;
allí estuve cuando diste
a la Soberbia el talento;   1600
y allí, cuando al Sacramento
ni adoraste ni creíste;
allí, cuando por esclavo
me compraste, y el Placer
te acompañó, porque a ver   1605
llegues de tu vida el cabo;
y así, hoy conmigo ven.

PADRE DE F.   Y tú al abismo infernal,
(al MAL GENIO)
pues hallando el bien y el mal,
traes el mal, dejas el bien.   1610
En cuyos ejemplos fundo
las glorias del Sacramento,
de los Genios el talento
y el Gran Mercado del Mundo.

*(Al principio de estos versos se abre un
escotillón y salen llamas de fuego y
se hunden el MAL GENIO y la CULPA
abrazados como estaban, y los cuatro
últimos versos los repite la música,
y el trono se eleva y se tocan chiri-
mías*[55] *y otros instrumentos, con que
se da fin al auto.)*

---

[55] *chirimías,* se trata de un instrumento musical de viento, pa-
recido al clarinete, con diez agujeros y boquilla con lengüeta de
caña. Suele tocarse siempre en la apoteosis final de cada auto.

Colección Letras Hispánicas